JN020972

図解 コーヒー1年生

バリスタ世界チャンピオン
粕谷哲

山田 コロ【イラスト】

sanctuary books

はじめに

Introduction

コーヒーはずっと〝ブレンド一択〟のあなたへ。

基本的にコーヒーは好き。

カフェでコーヒーを飲むことも、コンビニでコーヒーを買うことも、自分で豆を買ってきて淹れることもある。

でもコーヒーはコーヒー。**コーヒーの銘柄を見ても、それがどんな味がするのかほとんど区別がつかない。**

エチオピア、グアテマラ、コロンビア、モカブレンド……といった文字を見ても、味に一体どういう違いがあるのか謎。

(百グラム千円の豆は、百グラム百円の豆と比べたら、十倍おいしいの?)

値段が違ったとしても、それだけの価値を感じられない。

(ブレンドください。一番、普通のやつ)

カフェで注文するときも、豆を買うときも、いつも結局「ブレンド」の中から選んでいる。

自分で淹れているけど、毎回、適当に淹れているのでよく失敗しがち。正直、自分で淹れるよりも、コンビニのコーヒーの方がおいしいかも？　と思う日もある。

（あ、味が薄い。今日はお湯を注ぎすぎたかー）

長年コーヒーが好きで、ほぼ毎日飲んでいるような人も、コーヒーとそんな関係を続けている人は多いのではないでしょうか。

そんな人のために、この本は生まれました。

この本は、ただの会社員から、いきなりコーヒーの世界チャンピオンになり、今は「コーヒーの伝道師」をつとめる僕が、〝コーヒー〟という身近なようでいて実はよくわからない存在を、わからない人目線でわかるように解説した**「コーヒーのことがなんとなくわかった気になる」コーヒーの入門書です。**

元々僕自身も、「コーヒーにこだわっている人」ってなんとなく賢そう、面倒くさそう、暮らしとかおしゃれそう、と近寄りがたい雰囲気を感じていました。

でも本来コーヒーなんて大昔、エチオピアのヤギ使い（カルディ君）が、テンション高くなって踊り狂っているヤギを見つけて、そのヤギが食べていたもの（コーヒーの実）を飲み物として口にしたのがきっかけだと言われているくらいのものです。

つまり「テンションを上げるために飲む薬」のような存在だったのですから、コーヒーはコーヒー、喫茶店だろうが、コーヒー豆のお店だろうが、全部まとめて「コーヒー」と呼べばいいし、「味の違い」なんてどうでもいい、という見方もできます。

それでもなんとなく「コーヒーの世界ってなんか難しそう」という印象があるのは、偉い専門家の方々が執筆している入門書や、こだわりのカフェ店主によるコーヒー話や、コーヒー豆売り場のＰＯＰに書かれている説明などが、どれもこれも「レベルが高すぎる」からじゃないでしょうか。

僕は外ではスタバのコーヒー、家ではインスタントコーヒーばっかり飲んでいます。正直言って、コーヒーならなんでも好き。それでも僕は「飲みたいコーヒー」を妄想して、その味を再現することにかけては、誰にも負けない自信があります。

なぜか。コーヒーの世界を理解するために必要なのは、正しい解説や歴史的背景ではなく〝遊んじゃう姿勢〟であって、まさしく僕はコーヒーをまるで昆虫採集や理科実験のように捉えることができているからです。僕はこの本でそんな〝コーヒーの遊び方〟をみなさんに伝えるために全力を尽くしたいと思います。

遊び方さえ覚えてしまえば、コーヒーのパッケージを見ても、店主の豆の解説を聞いても、コーヒー豆売り場のPOPを目にしても、楽に理解できるようになるはず。

そんなわけで、この本は**コーヒーに少し詳しい人は怒り出すかもしれない**、「コーヒーの世界をめちゃくちゃ単純化した本」をめざして作りました。

そもそも「コーヒーの味の違いを知る」というのはそんなに難しいことなのでしょうか。

実際、食へのこだわりの強い大富豪の方でも、「なんでもいいからコーヒーをくれ」という方がたくさんいらっしゃいます。

不思議なのです。

僕はコーヒーの大会で世界一になりましたが、味覚にはそれほど自信がありません。

無添加か添加物入りかの違いも迷うし、コーヒーというものは結局、インスタントに牛乳を入れるのが一番おいしいんじゃないかと感じる日もあります。

それでも「コーヒーの味の違いは誰でもわかる」と断言できます。

たしかにどういうお店で飲むか、どういうお店で豆を買うか、どんな豆を買うか、熱いか冷たいかぬるいか、などの条件によって、コーヒーの味のパターンは無限になります。それでも「主要なキャラクター」と「その魅力の引き出し方」さえつかめば、コーヒーの違いははっきりわかるようになります。

アイドルグループのメンバーの中から自分の「推し」を見つけられると、そのキャラクターの立ち位置、役割、他のメンバーとの関係性などから、だんだん全体像が見えてくるように、さらにそれぞれの魅力を引き出す、演出家やプロデューサーのような存在がいるように、コーヒーの世界にも同じような世界観が当てはまります。

つまり、主要キャラクターがいて、それぞれのキャラクター性があって、そのキャラクター性を引き出す「挽き方」「淹れ方」があるのです。

推しのキャラクターを家に連れて帰ってきて、その魅力をできるかぎり自分の力で引き出してあげたい。

そういう想像ができるようになると、一杯のコーヒーに対して、今までになかった、なんとも言えない感情が湧いてきます。「コーヒーなんてどれも一緒。ただの黒くて、苦い飲み物」と考えていた自分が過去のものとなるでしょう。

本当にひと口、ひと口、愛情がほとばしるんです。

たとえば、おいしい浅煎りのエチオピアを飲んだら、え？　ジュース？　フルーティーとは知っていたけど、もう普通に果物の味と香りですよ。しかも「すべての果物の思い出」が詰まっているかのようなさわぎ。ぶどうのような甘さ、グレープフルーツのような酸味、よくわからないけどとにかくザ・フルーツ。

直後に、ふと我に返ったように味がコーヒーになる。爽やかな酸味とダシのような旨味がちょこんと舌の上にのる。ああそこにいましたか。もっと味わいたい。でも水のようにさらさらっと流れていく。「待って」という心の声も虚しく、ああ喉の奥に消えていってしまった……。

たとえば、おいしい深煎りのグアテマラを飲んだら、口に入れる前からもうおいしい。香ばしい、を通り越して香りが甘くさえある。そのままスーンと息を吸い込むとノンアルなのに酔っ払ってしまいそう。口当たりはまろやかで、ブラックチョコレートのごときフレーバーもありながら、その苦味を包み込むやさしい甘さが上回っていて、舌の上を完全支配。

なんといっても味の濃厚さがすごい。でもごくっと喉に通すと、意外とさらっとした感覚で、あとにコーヒーの甘さ以外なにも残されない。そんなはずはないだろうとまた口に入れて確かめたくなる。

そこまでいくと、**町で気になるコーヒー店を見つけるたびに入りたくなるし、知らないコーヒー豆を見つけるたびに「家に持ち帰りたい」と思うようになっていきますよ。**

なにより僕の思うコーヒーの最大の魅力は、**人生の浮き沈みがそのままコーヒーの味に反映されること**でした。

たとえば僕が会社員をしていた頃、激務のせいもあったのか1型糖尿病という不治の病になり入院するのですが、そのときに「飲んでもいいし、病気の予防にもいいから」ということで、コーヒーの道具を全部そろえて淹れました。

そのとき淹れたコーヒーがあまりにもまずかった。

それが悔しくて、どうすればおいしくなるんだろうと、毎日一つずつ改善点を見つけては、やり方（豆選びや淹れ方）を変えて、コーヒーをおいしくしていきました。

そして「昨日のコーヒーよりもおいしい」と感じられるたびに、少し自信がついた。並行して、なんとなく人生もうまくいくような気がしたのです。

そんなことをくり返し、実際、入院から1年で会社を辞め僕はバリスタになり、その2年後にコーヒー日本一になり、さらに1年後にコーヒー世界一になります。もちろん運の要素も大きいのですが、強烈にまずかったコーヒーがおいしくなっていくという手応えは、心をすごく助けてくれました。

やってみれば予想と違うことが起きる。でもそれが楽しいんだってことに気づけると、人生もコーヒーも楽しくなってくる。

自分のために淹れたコーヒーは、まさに最高の精神安定剤なのです。


ここまでいろいろ申し上げましたが、心のどこかでは「コーヒーなんて別になんでもいいよね」と思っている自分もいます。駅前のコーヒースタンドでも、いつも飲んでいる安いブレンドでも、なんならインスタントコーヒーでも、みんなそれぞれのおいしさがあるわけですから。毎日同じコーヒーを飲むことを習慣にするのも悪くない。

でも「いっぱい選べた方が面白くない？」とは思うのです。

（ケーキと一緒に飲みたいから、深煎りのグアテマラにしようかな）

コーヒー売り場で、コーヒー豆を選べるようになったり……。

（パナマのゲイシャならこれくらいするよね）

コーヒーの値段の価値がわかるようになったり……。

（すっきりめに淹れたいから、お湯の温度を下げよう）

淹れるときも、ちょっと工夫できるようになったり……。

（使い古しの豆がたまったから、氷出しコーヒーにしようか）

ストックしている豆に合わせて、違う淹れ方ができたり……。

そんな機会が訪れるたびに、「ああ、僕はコーヒーで遊んでいるなあ」とついにやけてしまうのです。


「スーパーの豆」で止まっている人も、チェーン店でいつも同じ豆を選んでいる人も、スペシャルティコーヒーに興味はあるけどなかなか買えない人も、コーヒーの世界に少しだけ深入りしてみてください。きっとその小さな勇気が、あなたの毎日をちょっとだけ面倒くさく、そして楽しいものにしてくれることでしょう。

コーヒー一年生

目次

Contents

Contents

第3章

選んでおいしいコーヒー

Contents

Contents

コーヒーが好き
朝も
仕事中も休憩中も
ケーキのお供にも
コーヒーが必須
だから
「自分の家でも
コーヒーを美味しく
淹れてみたい」
そう思って
あれこれ道具をそろえて
自分で淹れて
みたものの・・・
「イマイチ違いが
わからない」
こだわりの
豆…
道具…
カッコイイ
私…
フフ…
これは…
？
おいしい
…のかな
？
なにか
違うの…
？
？
って
思っていませんか？

舌に自信がないし
このポークソテー美味しいね！
チキンだよ それ
そもそも面倒 時間がない
誰か コーヒー淹れて…
だる…
COFFEE
豆とか ちょっとこだわって みたいけど
オシャレで ハードルが高い イメージがある
豆って 結構高いよね…
そーー

だからいつも結局「ブレンド」を選んでしまう
えーと
お決まりですか？
えーと
いつもブレンドだからそれ以外！
ブブブブレンドで！
なぜいつもこうなる
ありがとうございまーす
コーヒーのこと
←挽いてもらった
ブレンド
なんにも知らない
毎日毎日
こんなにコーヒーを飲んできたはずなのに…
まぁいいか…
RRR
あれ
めずらしい
お母さん

いまだに
コーヒーの何が
わからないのかも
よくわからない
はーい
うん
大丈夫だよ
え!!
おじいちゃん
退院するの!?
よかった〜
そもそも
ブレンドだって
よくわかってない
うん
うん
え……
だって…
……
そんな私が
ひょんなことから
コーヒーの世界に
飛び込むことになった
明日
そっちいくから!
うん
それじゃね
ちょっと不思議な話を
聞いてもらえませんか?

登場キャラクター紹介

※各キャラクターは「コーヒー豆の味」を擬人化したものであり、国自体のイメージとは一切関係ありません。

カオル（主人公）

コーヒーは好きだけど、なんの知識もない会社員。祖父の喫茶店を継ぐと決意。

コフィア

「コーヒーの木」の妖精。突然カオルの前に現れて、コーヒー指南をはじめる。

ブラジル

みんなに頼られる力持ち。ナッツの風味が豊かな、まさにコーヒーの王道。

コロンビア

さわやかスポーツマン。バター、キャラメルのようなマイルドさで魅了する。

ペルー

ちょっと内気だけど、本当はけっこうできる子。ほのかなバニラの香り。

ボリビア

人当たりがいい将来有望な学生。コクがあって、ジャスミンの香りと桃の甘さ。

グアテマラ

仲間思いのやさしい優等生。カラメルやチョコレートのような濃厚なコク。

エクアドル

下町で生きる努力家の男の子。さっぱりとしたシトラス系の味わい。

パナマ

華やかなみんなのマドンナ。浅煎りにすると、まるでレモンティーのようなフルーティーさ。

エルサルバドル

前向きなラッキーガール。深いコクがありつつ、オレンジのようなみずみずしさ。

コスタリカ

「スペシャルティ」を連発するモテ女子。熟したチェリーのような口当たり。

ホンジュラス

いつも近所を走っている女の子。とにかく軽くてさっぱりとした味わい。

ジャマイカ

いつも「青山」にいる高級志向の男の子。クセがなく、日本人に好まれる味わい。

ニカラグア

どこか神秘的な感じのする女の子。チョコレートの甘さとシトラスの香り。

ケニア

元気いっぱいの体育会系リーダー。ベリーのような明るい酸味でみんなを刺激する。

エチオピア

おとなしいお嬢様。花の香りと、ぶどうやベリーのようなジューシーさ。

ルワンダ

おしゃれな双子の兄。頭の回転が早い。ハーブのような独特な香りと、透明感のある複雑な酸味。

タンザニア

目立ちたがり屋のお調子者。「キリマンジャロだよ！」が口癖。はっきりとした酸味。

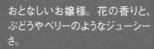

パプアニューギニア

自由気ままなふわふわ男子。印象を残さないほど、さっぱりと爽やかな味わい。

ブルンジ

おしゃれな双子の弟。少し口が悪い。ハーブのような独特な香りと、透明感のある複雑な酸味。

ベトナム

口数の少ないマッチョマン。地味だけど安定した味わい。陰でみんなを支える。

イエメン

エキゾチックなお姉様。ワインに似た香りと、どこか土っぽい味わい。

ハワイ

派手好きなお坊っちゃま。軽い酸味。よくバニラやヘーゼルナッツの香りを振りまいている。

インドネシア

高い身体能力を持つ格闘家。土、草、革のようなスパイシーさと重厚な味わい。

コーヒー一年生

プロローグ

Prologue

喫茶
薫
close
喫茶
薫
おじいちゃん
喫茶店閉めちゃうって
本当なの!?
退院したら
またオープンするって
張り切ってたじゃん!

おじいちゃんももう歳だしねえ
さみしいねぇ…
後継者もいないししょうがないわ本人も悔しがっていたけどね…
おじいちゃん
おじいちゃんのお店なんで私の名前と一緒なの？
とってもいい名前だろう？
お店を始める時カオルの名前をもらったんだよ
大きくなったら店長さんになってくれるかな？
うん！いいよ！
私がやる
え？
私が喫茶店
継ぐ！

キィ…
わー
久しぶりに
来たなあ…
……
いや
大口叩いたけどさ
おじいちゃんが
コーヒーにこだわって
続けたこの店を
私が継ぐとか
できるわけ？
てか仕事どーすんの？
なにを隠そう
ごく普通の会社員です
ぐへー
毎日ぼんやり
生きてる自覚アリ
ごくらく
UMAI
ポテチ
UMAI
コーヒー？
毎日飲んでるけど
正直なんにもわかんない

できるわけない…
けど
この店が
なくなるなんて
考えられない…
こんな状態で
おじいちゃんに相談しても
絶対反対されるし
だれかあー
あ～もう私って
いつもこう！
考えなし！
ん…？
おじいちゃんの
コーヒーノートだ
なつかし～
昔見せて
もらったことが…
…ヲ
チカラを
貸そう…

…!?
なんか頭に
声が…
コトン
コーヒーのこと
知りたいんでしょ？
だ
誰!?
ボクの力を
きみに貸そう
さあ
そのコーヒーを
飲んで
さあ…

ごくん
あれっ おいしい このコーヒー
…って なぜかつられて飲んじゃったけど やばいんじゃ…
死ぬの…?
やあ!
!?
やっと会えたね カオル!
おばけ…!?
失礼な! ずっといたよ!
なんか出てきたぁ!
ボクはコフィア
コーヒーの木の精霊ってところかな!

！
じゃあコーヒーに詳しいの!?
え
まあ そりゃあ…
この際おばけでもいいや！コーヒーのこと教えて！
この喫茶店閉めるわけにはいかないの！
お願い！
……
ふふっ
あははっ
ボクからお願いしようと思ってたのに…
じゃあカオル！ボクと一緒に最高の一杯をめざそう！
よろしくねー
あ
最高とかいいから楽にうまくできる方法教えて
そういえば
なんで私の名前知ってるんだろ?
いきなり楽しようとしないの!!
?
まぁいいか

第1章

コーヒーの基本

…なるほどね
うん うん
おじいさんのこの喫茶店を守りたいと
うん おじいちゃんは覚えてないかもしれないけど
昔 約束したんだ…
!
おじいちゃんが元気になったら
シャッ
「この店私が続けるよ」って胸を張って言いたい！…んだけど
この通りコーヒーのコの字もわかんないの
ま…まあ大丈夫大丈夫
アッハハ
そのノート貸してみて
これ？
COFFEE

このノート
ちょっとすごい
ノートなんだ
おいで
わ！
何!?
パアーッ
ポン
ポン
二人とも
来たね
コフィアさん
急に
どうしたの!?
びっくりした…
何事…
この子が
エチオピア
こっちは
グアテマラだよ
急に呼ぶなんて
びっくりしたじゃん

？？？
？？？
？
？
ま〜説明が難しいんだけど彼らは一言で言えば「コーヒーの精霊」みたいな感じかな
ブー
説明が雑すぎる
ブー
もう何がなんだか
カオル！
ずっと会いたかったの！よろしくね！
う うん？なんで私の名前知ってるの？
あ
フーン…
いやその…コフィアさんに教えてもらって！
カオル
うん 夢見てるんだろうな
コホン
コーヒーを知るってひとことで言うと難しく感じると思うけど…
この子達がきっと助けになってくれると思う

キミのおじいさんのそのノートは言うなれば魔法のノートさ
めくって呼べば彼らの仲間が来てくれる
彼らと仲良くなればきっと自然と美味しいコーヒーにたどりつくよ
…うん

よろしくねエチオピアちゃんグアテマラくん
…てかそれって国の名前だよね…？一体どういう…
あとちょっと聞きたいことが…
ゆっくり説明していこうね

味のイメージ

taste

4つの味をイメージする。

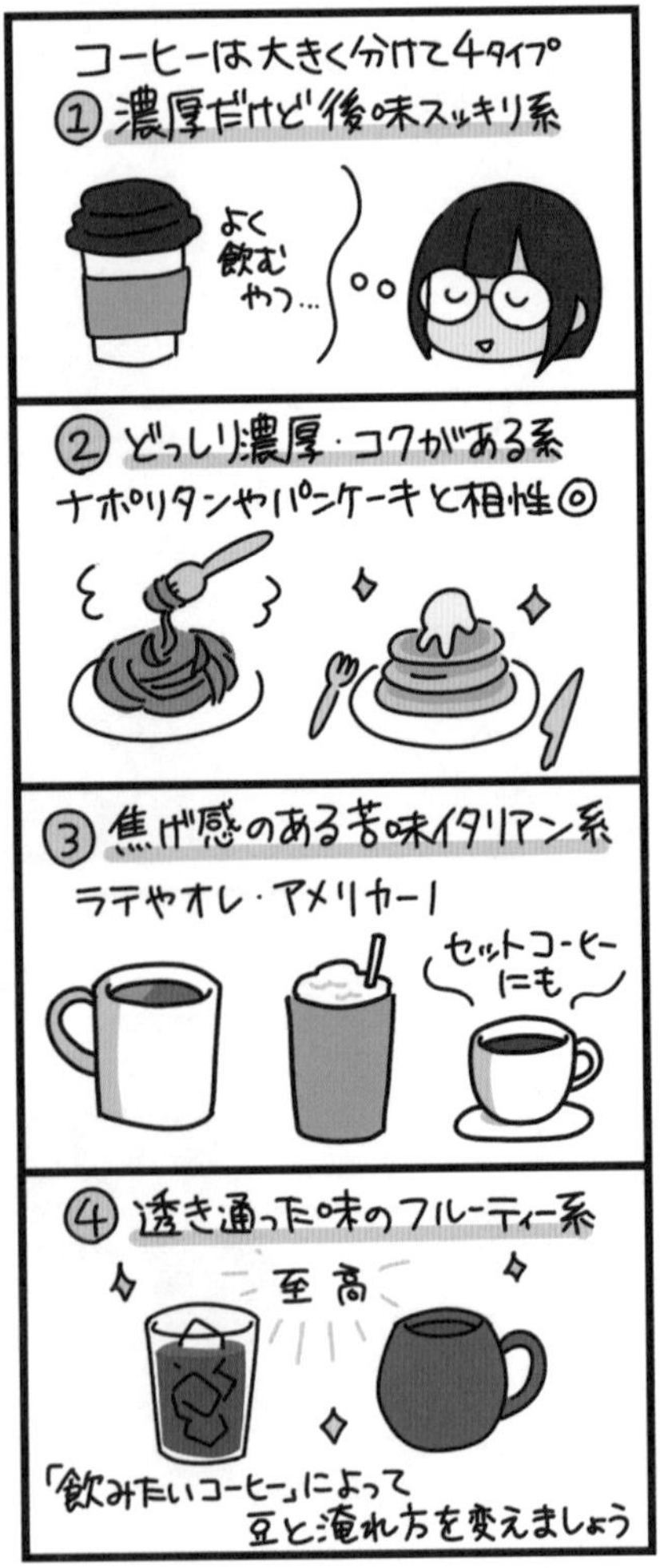

コーヒーは大きく分けて4タイプ
①濃厚だけど後味スッキリ系
よく飲むやつ…
②どっしり濃厚・コクがある系
ナポリタンやパンケーキと相性◎
③焦げ感のある苦味イタリアン系
ラテやオレ・アメリカーノ
セットコーヒーにも
④透き通った味のフルーティー系
至高
「飲みたいコーヒー」によって豆と淹れ方を変えましょう

ふと「コーヒーを飲みたい」と思った。それはなぜでしょうか?

「食後のおなかをすっきりさせたいから」「スイーツの甘さを口の中でいい感じにしたいから」という人もいれば、「ただカフェインで元気になりたいから」「コーヒーの味を楽しみたいから」という人もいるでしょう。

それぞれの目的によって、僕たちを満足させてくれるコーヒーは変わります。僕たちがイメージするコーヒーには次の4つのタイプがあります。


1つ目は、**甘味があって後味すっきりのスタバ・ドトール系**です。

苦味も甘味もしっかりあるけど、後味がしつこくない。このタイプのおかげでコーヒーが好きになったという人も多いはず。牛乳で割っても、甘くしてもおいしいし、そのまま飲んでもおいしい。世界中の人たちが平均的に好きであろう味です。


2つ目は、**味が濃厚でコクがあるコメダ・純喫茶系**です。

どっしりとした味の強さが魅力。ナポリタンやカツサンド、バニラアイスのせのパンケーキなどのハイカロリーな食事と一緒に飲むと特においしいコーヒーです。伝統的な

「ザ・コーヒー」として根強い人気があります。

3つ目は、**焦げ感のある苦味イタリアン系**です。

エスプレッソで抽出したものをラテにしたり、お湯で割ってアメリカーノにしたりするような味わい。イタリアンコーヒーに多く、飲食店の食後のセットコーヒーによく見られるイメージです。深煎りの安価な豆が使われることが多いですが、ときどきスペシャルティコーヒーが使われることもあります。

4つ目は、**味が透き通った繊細&奥深フルーティー系**です。

豆が本来持っている味を生かしたコーヒー。「コーヒーは黒くて苦いもの」というイメージとはかけ離れ、ワインやお出汁のように複雑で繊細な味わいを楽しみます。コーヒー専門店では浅煎りとして売られていることが多いです（僕のお店をはじめ、深煎りを置いているお店もあります）。

この4つのタイプのうち、どういうコーヒーを飲みたいと思っているか。自分でコーヒーを淹れたいと思ったときに、そのイメージによってやり方が変わってきます。
まず当たり前ですが、コーヒーの味は「豆選び」で変わります。

1、なに煎りの豆か？

「浅煎り」か「深煎り」かによって、まるで別の飲み物と言ってもいいくらい、味ががらっと変わります。「浅煎り」寄りならよりさわやか、フルーティー、明るい味わいに。「深煎り」寄りなら、より苦味とボディ感が強く、チョコレートっぽい味わいになります。苦味がダメな人は浅煎りを、酸味がダメな人は深煎りを試してみるといいかも。

2、どこ産の豆か？

ブラジル、エチオピア、グアテマラ……など。産地によって使われる品種や豆の作り方（生産処理）、地域特性（テロワール）に違いがあるので、味の方向が変わります。

3、どの品種の豆か？

苦味と甘味がほどよく、後味がすっきりする「アラビカ種」だけが使われているか、苦味や渋みが強く後味がずっしり残る「ロブスタ種」が混じっているかによっても、味は大きく変わります。またアラビカ種は、ブルボン、ティピカ、カトゥーラなどの品種に分かれ、それぞれ味に個性があります。

4、どこまで情報が細かい豆か？

「産地」だけが書かれているか。「格付け」も書かれているか。「品種」「作り方」「農園」「標高」など、パッケージに記載されている情報が細かくなるほど（名前が長くなるほど）、基本的にコーヒーの品質は高くなっていきます。

それからコーヒーの味は「淹れ方」によって変わります。

1、どうやって抽出したか？

粉の量に対してお湯の量はどれくらいか、抽出にどれくらい時間をかけたか、粗挽きか細挽きか、などによって変わります。

2、どういう道具を使ったか？

ドリッパー、コーヒーメーカー、フレンチプレス、エスプレッソメーカーなど、使う道具によって変わります。

3、豆を買ってきてからいつ淹れたか?

焙煎後、どれくらい経って淹れたかによって変わります(一般的なコーヒー豆は「賞味期限」しか書かれていませんが、ちゃんと「焙煎日」が書かれているコーヒー豆もあります)。

さらに**「熱いか、ぬるいか」「どんな食べ物と合わせたか」「鼻が詰まっていないか」「誰と飲んだか」といった条件でも味は変わるけど、**はじめのうちは気にしなくても大丈夫。

「豆選び」と「淹れ方」の組み合わせによって、ある程度は狙った味のコーヒーを淹れられるようになります。

たとえば「スタバ・ドトール系」のコーヒーだったら、100グラムで500~600円くらいの中深煎りの豆を中挽きにして使って、ハンドドリップで淹れたら、イメージに近い味を出せるはずです。

「コメダ・純喫茶系」だったら、中細挽きにした深煎りの豆を、目の粗い「ネルドリップ」で濃いめに淹れたら、コーヒーオイルも一緒に抽出されて、わりと近い感じの味になるでしょう。

「苦味イタリアン系」だったら、エスプレッソ用の深煎りの豆を、超細かめに挽き、エスプレッソマシンなどで抽出したら、そういう味になります（ただエスプレッソマシンは高額なので、家庭では直火式エスプレッソメーカーの「マキネッタ」などを使うのがおすすめ。ミルクフォーマーという道具を使い、泡立てた牛乳で割ればカフェラテも作れます）。

そして「繊細&奥深フルーティー系」は、シングルオリジンと言われる「選ばれた豆」を使い、豆に合った焙煎度と挽き方、一定の道具と手順で淹れることで、再現できます。最終的にはたどりついてほしいなと思う味わいですが、好みも予算も人それぞれだから、みんながこの味をいきなりめざさなくてもいいでしょう。

というわけで、コーヒーの味はまず「豆選び」と「淹れ方」で変わる。そして**その「組み合わせ」**をアレンジすることによって、飲みたいコーヒーに近づけることができます。

Point
必要な豆と道具は、「めざす味」によって変わる。

4つの味をイメージする
スタバ・ドトールタイプ
甘味があって後味すっきり
昭和の喫茶店タイプ
濃厚＆どっしり
フルーティー系
フルーツのような酸味があって繊細
苦味イタリアンタイプ
焦げっぽい強めの苦味

焙煎度

roast

安い豆は「中煎り以上」を選ぶ。

豆を買ってきて、飲んでみるとなかなかおいしいと思う。

でも後日、お店に行ったとき、なんの豆だったか忘れている。そのくり返し。

一体なにをやっているんだろう？　まさに僕がそんな感じでした。

たしかに、コーヒーのパッケージって、商品名？　国名？　豆の名前？　一体なにが書かれているのかわかりにくいから、なかなか記憶に残らないものです。

そこでまずは「焙煎（ロースト）度」について知りましょう。

ところで、そもそもコーヒーでいう「おいしい」とは一体なんでしょうか。

コーヒーの味は主に「苦味」「酸味」「コク」「後味」で構成されていて、このバランスが良かったら、きっとあなたは「おいしい」と感じているはずです。

そしてその味のバランスに、めちゃくちゃ影響するのが「焙煎度」になります。

焙煎とはコーヒーの味や香りを引き出すために、コーヒー生豆に熱を加えて、煎ること。

その加熱時間と温度によって、だんだん浅煎りから深煎りへと変わっていきます。

浅煎りのうちは酸味が強く、深煎りになるにつれて苦味とコクが出ます。

浅煎りは「フルーティー」とも言われますし、深煎りは「飲みごたえがある」とも言われます。

この焙煎度がぱっと見でわかるよう、コーヒーのパッケージにはたいてい8段階の表示があります。

・**酸味グループ。酸味に魅了された人向け。**

ライトロースト／浅煎り／薄くて超酸っぱい系

シナモンロースト／浅煎り／超フルーティー

・**バランスグループ。一般的な選択範囲。**

ミディアムロースト／中浅煎り／いい感じ

ハイロースト／中煎り／ちょい重みが出てくる

シティロースト／中深煎り／苦め

・**深煎りグループ。ガツンといきたい人向け。**

フルシティロースト／深煎り／濃くて苦い
フレンチロースト／深煎り／超濃くて苦い
イタリアンロースト／深煎り／鬼濃くて苦い

浅煎りはフルーティーで酸味が強く、フルーツ由来の甘味がある。
深煎りは苦味とボディ感がしっかりしていて、焙煎由来のカラメルっぽい甘味がある。
中煎りはその中間という感じです。

豆が安いもの（100グラム300円くらいまで）は、なるべくミディアムロースト以降を選びましょう。そして苦味が好みだったら深煎りがおすすめです。深煎りはどんな豆でも「そこそこの安定の味」にしてくれるからです。

反対に、品質が高い豆（100グラム500円以上）は、「浅煎り」から「深煎り」までなんでもおいしいですが、もし酸味が好みだったら「浅煎り」もおすすめ。浅煎りほど「豆本来の味」を楽しむことができるからです。

Point 浅いほど個性があって、深くなるほど安定する。

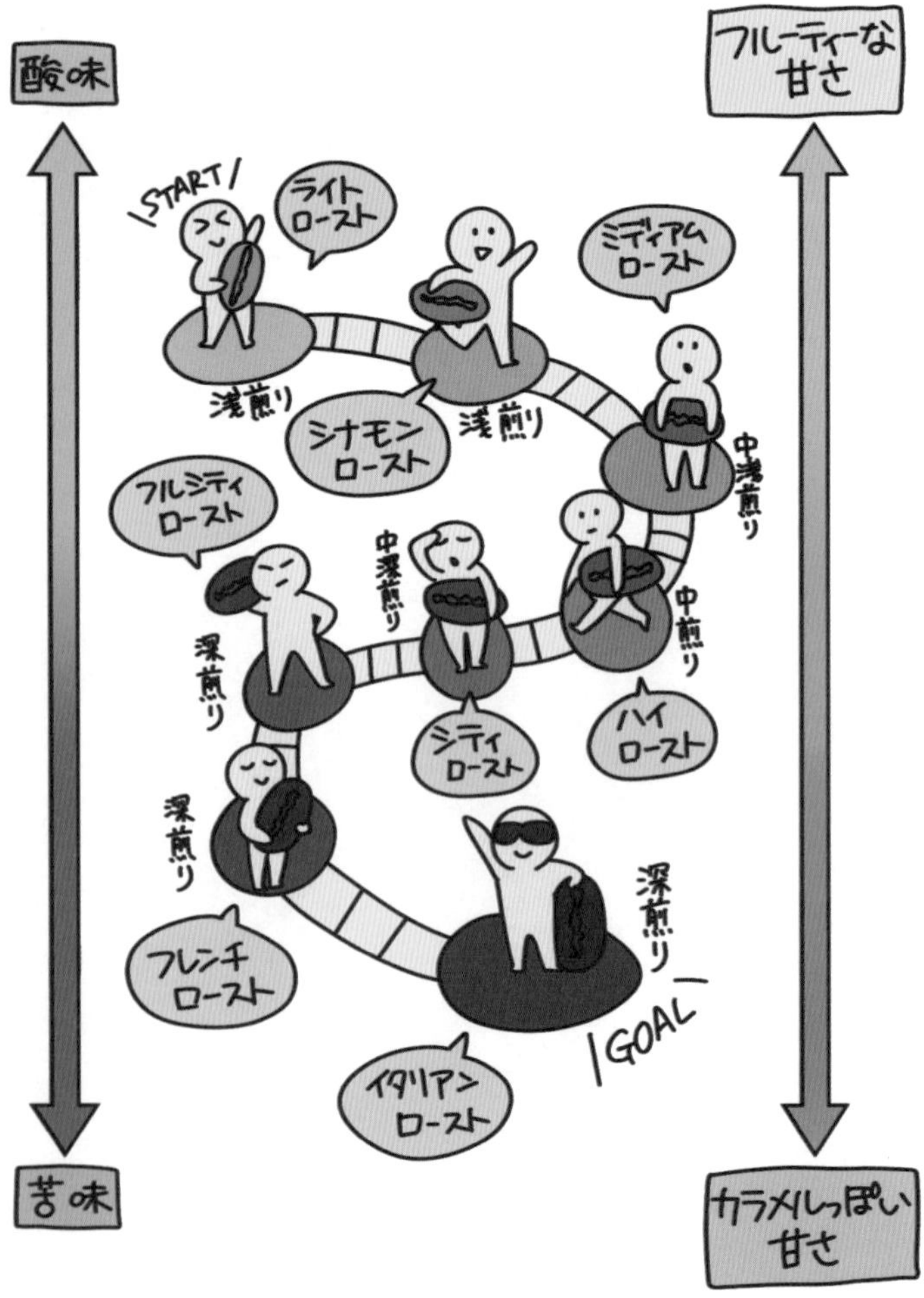

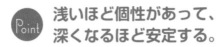

コーヒーの王道

major

6つの産地で選んでみる。

自分の「好きな焙煎」がなんとなくわかってきたら、次はなんとなく「好きな産地」を選んでみましょう。

コーヒー豆をそこそこ取り揃えているお店であれば、「ブラジル」「コロンビア」「エチオピア」「グアテマラ」「ケニア」「マンデリン（インドネシア）」といった豆を見かけるはずです。これらはメジャーな産地で、それぞれに個性があります。ブレンドとして混ぜられていることも多いですが、よりその個性を味わうために、まずは単体（ストレート）を飲んでみてください。

それぞれどういう個性があるのでしょうか。コーヒーの味というものは、基本的に苦味とか酸味とかフレーバーで表現されます。ただ僕の場合はそれに加えて、自然と「こういう雰囲気のやついたなあ」というイメージが浮かぶのです。

まずは超バランス苦味系のブラジル。
みんなに頼られる力持ち。酸味がおさえられて、ナッツ感のある落ち着いた味わい。みんなのイメージするコーヒーそのものの味でしょう。

次はマイルド系のコロンビア。

さわやかなスポーツマンタイプです。味がとにかくマイルドで、ブレンドのベースとしてもよく使われます。マイルドという言葉を多用するのってコーヒーくらいでしょうか？

つづいてフローラル酸味系のエチオピア。

おとなしめのお嬢様。香りはフローラル、味はフルーティー。酸味系コーヒーにハマるきっかけになるコーヒー第1位です。「モカ」とも呼ばれてカワイイ。

そしてコク系のグアテマラ。

仲間思いの優等生。同じコク系でも、浅煎りと深煎りとでまったく別の顔を見せます。豊かな香りのチョコレート感がありながら安定感バツグンの飲みやすさ。

さらにジューシー超酸味系のケニア。

元気いっぱいの体育会系リーダー。浅煎りなら、ベリー感、はちみつ感といったユニークな酸味。深煎りなら重厚感のある苦味。黒糖やダークチョコレートのよう。

最後は屈強苦味系のインドネシア。

高い身体能力を持つ格闘家。苦味と深み。土や草といった個性的な味がします。スマトラ島で作られる「マンデリン」やスラウェシ島の「トラジャ」というブランド名でおなじみ。

というわけで、**まずは王道のブラジルを飲んでみましょう。**

これがどんな好みにも、シチュエーションにも合うど真ん中の味だからです。

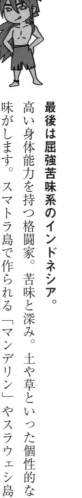

このブラジルを飲んでみて、**もっと酸味があってもいいかもと感じたら、次はエチオピア**にいってみてください。ぐっとフルーティーさを感じられるはずです。

エチオピアを気に入って、**別の酸味を試してみたくなったら、次はケニア**にいってみましょう。強めの酸味とジューシーさを味わえます。

そしてより酸味を出したかったら、淹れるときに**「豆を粗挽きにする」「お湯の温度を少し下げる（90度未満）」「スピーディーに淹れる」**と、酸味が出やすくなります。

反対に、ブラジルを飲んでみて、**もっと強い苦味やボディ感がほしいかもと思ったら、次はインドネシアのマンデリン**を選んでみましょう。どっしり感を味わえるはずです。

そしてより苦味を出したかったら、淹れるときに**「豆を細挽きにする」「お湯の温度が下がらないうちに（90度以上）」「ゆっくり淹れる」**と、苦味が出やすくなります。

ブラジルを飲んでみて、**他の苦味を試したくなったらコロンビアか、グアテマラ**を選んでみましょう。

さらにコクを出したかったら、ネルドリップやフレンチプレスなどの道具を使ってみるのもおすすめ。それらの道具を使うことによって、コクを生み出す「豆のオイル成分」も一緒に抽出しやすくなるからです。

スペシャルティコーヒーなどには例外がありますが、こんな風にブラジルを基準にすることによって、「自分の好みのコーヒー」あるいは「自分が今、飲みたいと思っているコーヒー」をおおざっぱにイメージできるようになります。

ただお店によってクオリティが変わるので、いくつかの産地を試すときは、できれば同じお店に通って、買う（あるいは飲む）ようにしましょう。

いずれにしても、なにも考えずに「ブレンドください」と注文していた頃と比べたら、ちょっとだけメニュー選びが楽しくなってくるはずです。

Point ひと通り味わってみると、「好み」を言えるようになる。

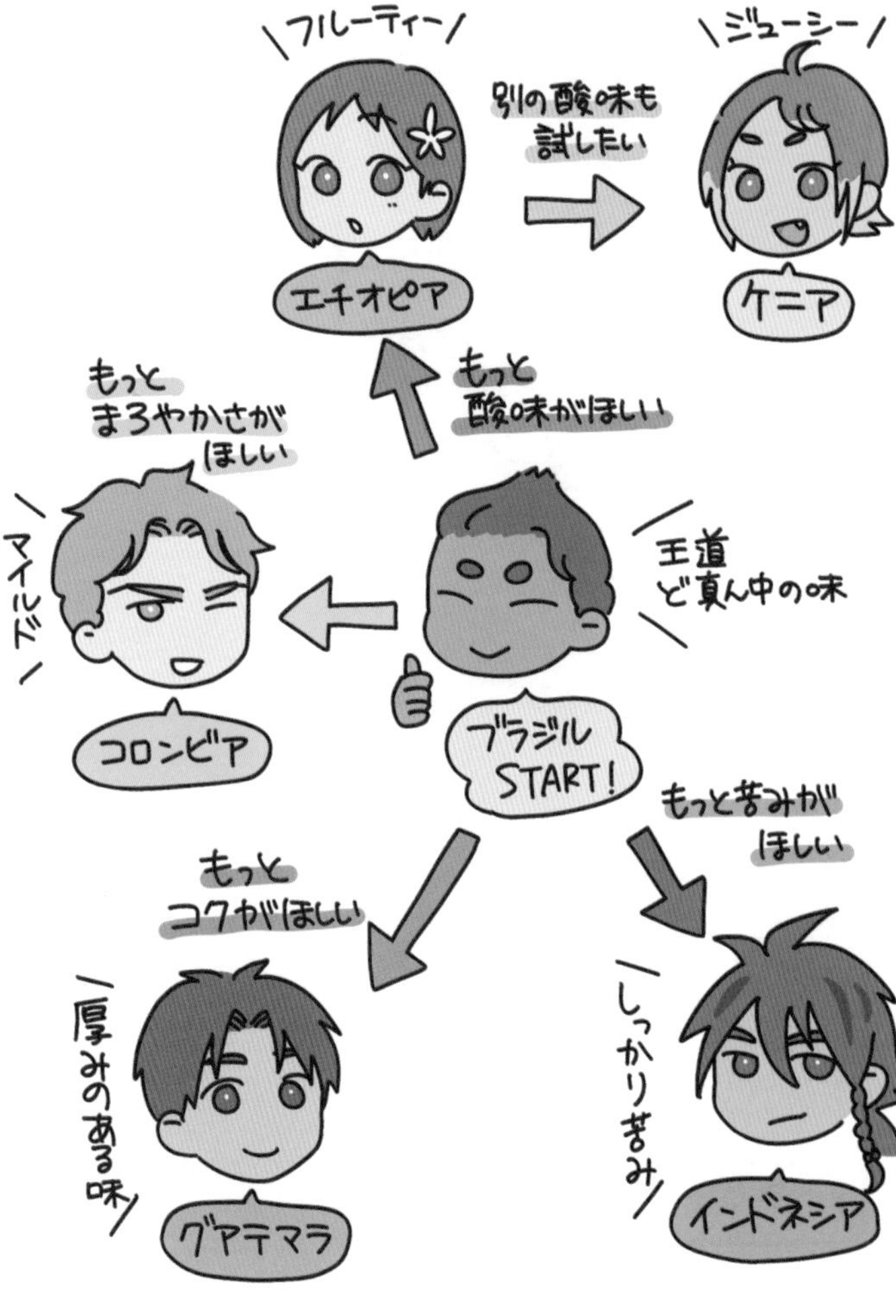

フルーティー
エチオピア
別の酸味も試したい
ジューシー
ケニア
もっと酸味がほしい
もっとまろやかさがほしい
マイルド
コロンビア
王道ど真ん中の味
ブラジル START!
もっと苦みがほしい
もっとコクがほしい
厚みのある味
グアテマラ
しっかり苦み
インドネシア

パッケージ

package

パッケージをよく見て買ってみる。

「味の違いがわかる人」になるために
少しずつ豆の値段を上げてみましょう
初心者
スーパーで買った「好きな焙煎のブレンド」で自分で淹れるコーヒーのおいしさを知る
うまい
うまい
中級者
コーヒー量販店で買った「ストレートコーヒー」を淹れ産地による味の違いを知る
別ものだ
上級者
コーヒー専門店で買った「シングルオリジンコーヒー」を淹れていねいに作られた豆の味の奥深さを知る
幸…
福…

好きな焙煎度と、好きな産地でコーヒー豆を選びましょう。

この知識だけですべてが解決すれば、シンプルでわかりやすくていいのになと思うときがあります。

でも実際にコーヒー豆を買いに行くと、なかなかそう簡単にはいきません。

パッケージを見てもよくわからないことがほとんどだからです。

お店によって、売られているコーヒー豆も、ラベル表示の仕方もバラバラ。

特にスーパーとコーヒー量販店とコーヒー専門店とではけっこう変わります。

〈スーパー〉でよく見かけるパターン。
１００グラム　１００～３０００円（1杯10～30円くらい）

1、まるで手がかりがない

（例「炭焼きコーヒー」「スペシャルブレンド」「マイルドブレンド」など）

これこそまさにコモディティ（大量生産系）コーヒーです。大半は、豆の質が低いため「わかりやすくおいしく」なるように、ブレンドしたり焙煎したりしているものです。

2、産地名＋ブレンド

（例「グアテマラブレンド」「キリマンジャロブレンド」「モカブレンド」など）

○○ブレンドといった場合、「○○の豆が30％以上は入っている」ということだけはわかります。ただ、○○の豆が一番多く使われているとは限らず、グアテマラ40％＋インドネシア60％という割合だとしても、「グアテマラブレンド」と名乗ることができます。。

〈コーヒー量販店〉でよく見かけるパターン。

１００グラム　３００～５０００円くらい（1杯30～50円くらい）

3、産地名

（例「ブラジル」「コロンビア」「モカ（エチオピア）」など）

産地しか書かれていないものは「ストレートコーヒー」と呼ばれます。まさにその産地で作られた豆ですが、格付けはされていないもの。

4、コーヒー栽培で有名な地域名

（例「ハワイ・コナ」「キリマンジャロ」「ブルーマウンテン」「トラジャ」など）

ストレートコーヒーの中でも、特に「名産地」で作られたコーヒー系です。ただしブランドなので、本当においしいものはすごく高く、そこまでおいしくないものでも値段が高め。これがいわゆる「プレミアムコーヒー」とも言われます。

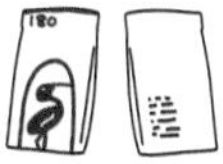

〈コーヒー専門店〉でよく見かけるパターン。
１００グラム　５００～１０００円くらい（１杯50～１００円くらい）

5、産地名＋格付け

（例「グアテマラ　ＳＨＢ」「マンデリン　Ｇ1」「コロンビア　スプレモ」など）

コロンビアの最高ランクの「スプレモ」のように、生産国がそれぞれ特有の格付けをしています。その評価ポイントは生産国によって異なり、主に欠点豆・標高・豆の大きさ・

味のいずれかになります。統一基準がないから単純比較はできないのですが、格付けがなされているのは味に自信がある証拠かも。これもコモディティコーヒーの一種なのですが、上位に格付けされているものは「プレミアムコーヒー」の味に匹敵します。

6、産地／農園／生産者／生産処理／標高など

（例「産地…ブラジル／農園…コレマジウーマ／生産者…ヤッパ・コレダネ／生産処理…ナチュラル／品種…ティピカ／標高…1500～2000m」）

情報が細かく書かれた「シングルオリジン」と言われるコーヒーです。トレーサビリティ（どの農園で、どんな風に作られて、どういう流通経路をたどったかなどが確認できるしくみ）が高く、間違いなく高品質のコーヒーだと言えます。この中で特においしいと認められたものが「スペシャルティコーヒー」と言われます。

7、お店のブレンド

（例「ラダーブレンド・ミディアム」「粕谷珈琲店オリジナルブレンド」）

大量生産で混ぜられた「ブレンド」とは違って、お店独自の配合で混ぜたものです。良くも悪くもお店のこだわりが出ます。繁盛店のブレンドはだいたいおいしいとも言えます。

このようにお店の種類によって、来店するお客さんのニーズが違うため、同じコーヒー豆でも「品揃え」と「見せ方」が変わってきます。

その違いがわかってくると、適当なネーミングやブランドにだまされることなく、値段に見合った豆を買えるようになってくるはずです。

Point 「どんなコーヒーを飲みたいか？」によって行くべきお店は違う。

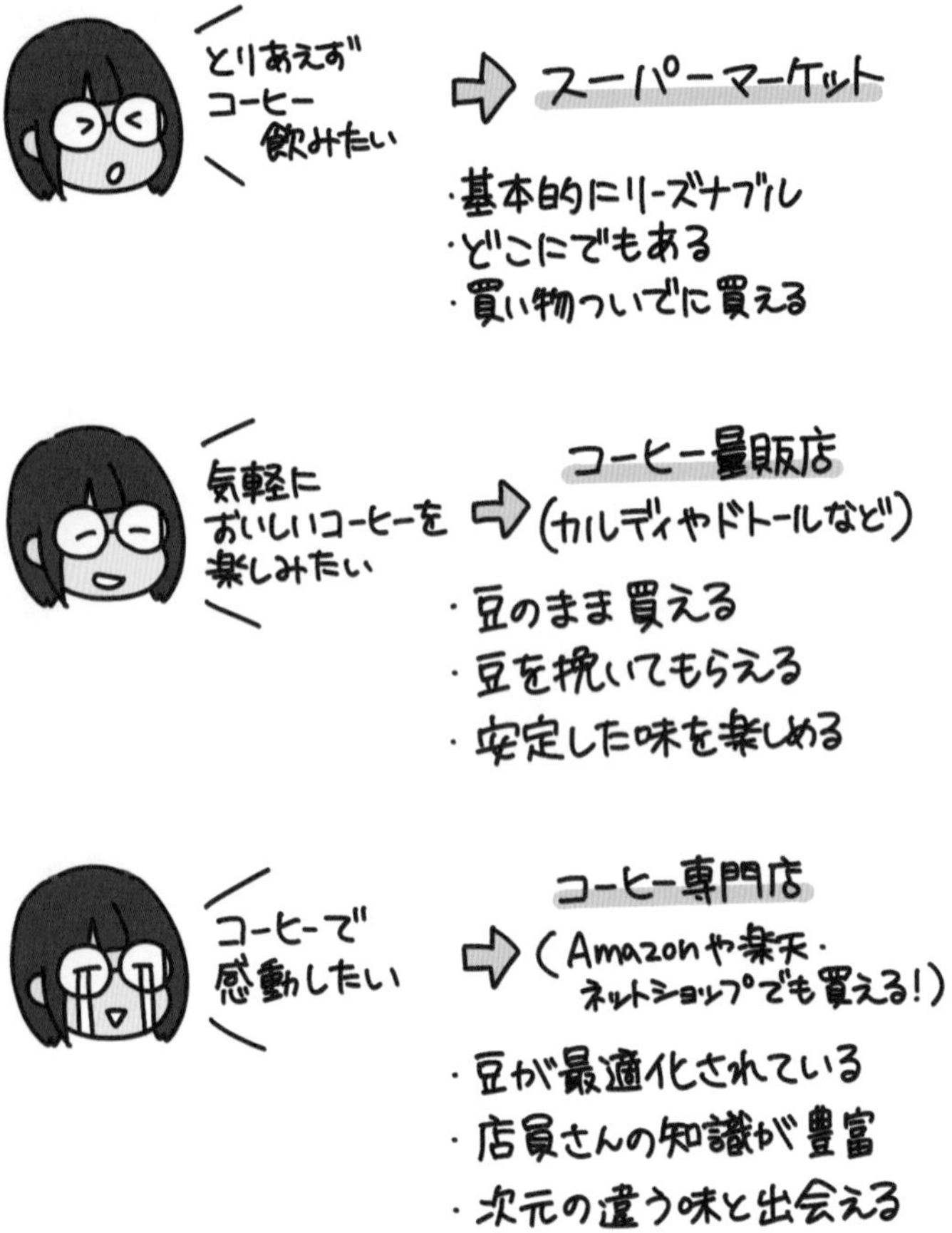
とりあえず コーヒー 飲みたい
スーパーマーケット
・基本的にリーズナブル
・どこにでもある
・買い物ついでに買える
気軽に おいしいコーヒーを 楽しみたい
コーヒー量販店（カルディやドトールなど）
・豆のまま買える
・豆を挽いてもらえる
・安定した味を楽しめる
コーヒーで 感動したい
コーヒー専門店（Amazonや楽天・ネットショップでも買える！）
・豆が最適化されている
・店員さんの知識が豊富
・次元の違う味と出会える

第2章

普通においしいコーヒー

ありがとー
またね
は〜…
勉強になった…
あ ほんと?
よかった
私ほんとに何にも知らなかったんだなってことを知った
それは素晴らしい第一歩だね!
ねー!
早く自分で淹れて飲みたいな! 豆買いに行こうよ!
いいね〜! オススメの店があるから早速行こう!

スーパー
バルク
24H
なんでスーパー…?
オサレなコーヒー屋さんじゃないの…!?
ついでに夕飯の買い物…
もちろん
それでもいいけどね
勉強は一歩一歩だから!
スーパーは日常的に来るところだし
コーヒー売り場での選び方はすっごく役に立つと思うよ
スーパープレミアムミラクル豆
なんかすごいコーヒー豆
?
なんかすごい道具
でも美味しいコーヒーを淹れようと思ったら高い豆とか高い道具とか
そういうのが必要なんじゃないの…?

ふふ・・・
そうとも限らないのが
コーヒーの面白いところ・・・
料理と一緒で
素材が高ければ高いほど
美味しくなるかと言ったら
一概にそうとは・・・
道具だって使う人によって
全く違う結果になるし
ついたよ
コーヒー
売り場
ちなみにいつもどれ
買ってるの?
え〜っとね
ここで買うときはこれ
なんとなくよさそうだから
WARITO UMAI
BLEND
COFFEE
アラビカ100%
コーヒー
紅茶
あ
いいじゃない!
これにしよう!
え
でもこれ
いつも飲んでる
やつだよ!?
しかも
挽いて
あるやつ
いや正解!
センスいいね〜!

センス…
そ…そう?
あとで詳しく説明するけど
この「アラビカ種100%」って
書いてあるやつを選べば
大抵の市販品では正解だよ
確かに
書いてある!
へ〜〜〜
淹れ方によって
普段飲んでるのと
どのくらい変わるか
比べてみよう
とはいえ
この粉の味が
変わる淹れ方なんて
ほんとにあるのかな…
フツーの味だよ
いたって
あ!
カオル
あれも買って!
ん?
キャラメル?
これもコーヒーに
合わせるとか?
おいしそう
あ
いや
単純に
ボクが食べたいだけ
コフィアさん
まさか
このために
スーパーに…
違う違う
断じて違う

ブレンドコーヒー

blended coffee

はじめはスーパーの「ブレンド」を選んでみる。

日常使いできる安い豆の中から、なるべくおいしい豆を選びたい。

でもいざコーヒー店に入ってみると、いくら考えてもわからないし、店員さんを待たせるのも悪いから、結局「店員さんのおすすめ」か「お店のおすすめ」のブレンドを選んでしまう。そういう人も多いのではないでしょうか。

そこでまずはスーパーのコーヒー売り場に行って、物色してみてください。ここで「コーヒーを選ぶ」という練習をしてみましょう。

おそらくスーパーはコーヒー豆を一番安く買える場所で、**100グラムでいうと100〜300円（1杯10〜30円くらい）の価格帯**のものが大半だと思います。

そして店頭では、だいたいこういう商品ラインナップが展開されていることでしょう。

1、レギュラーコーヒー（豆か粉）
2、ドリップコーヒー
3、アイスコーヒー用
4、フレーバーコーヒー
5、インスタントコーヒー

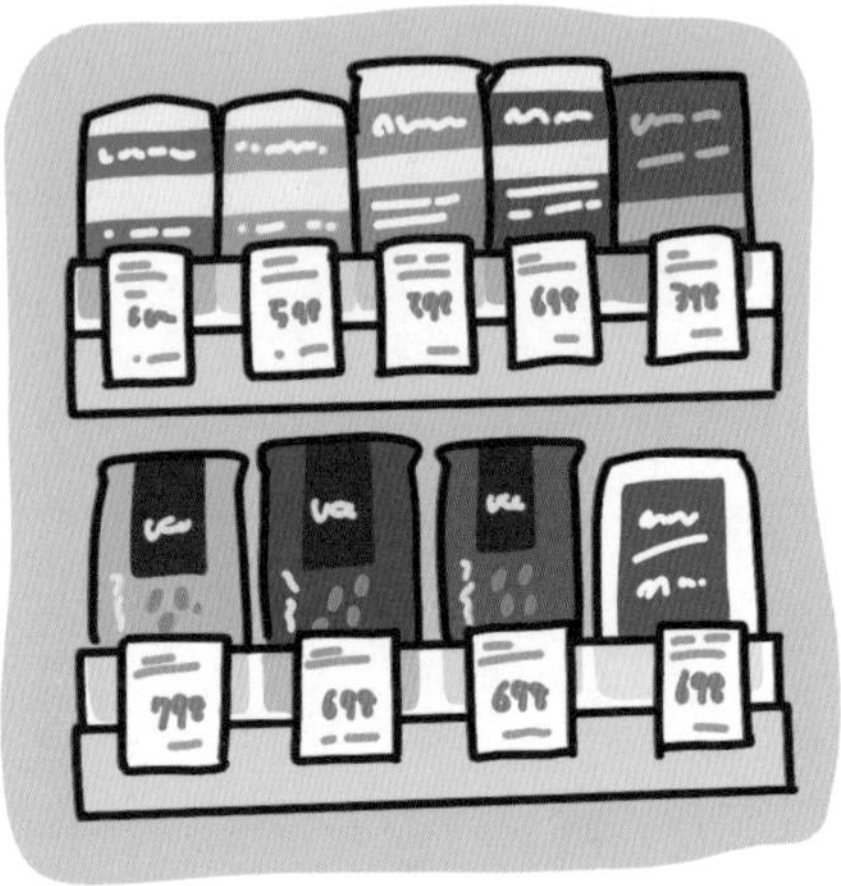

「レギュラーコーヒー」の中にも、「産地」が書かれたコーヒーがあります。

産地さえ書かれていれば少しは味の想像がつくはずなのですが、ほとんどのコーヒーは「ブレンド」されています。

ブレンドとは2種類以上の豆を混ぜたコーヒーのことで、基本的には「複数の国の豆同士を混ぜ合わせたもの」になります。

その目的は「相乗効果を生み出すため」という場合と、「コーヒー豆の弱点を隠すため」という場合もあり、両者を明確に区別することは難しいのですが、スーパーで安価に売られている豆の多くは「コーヒー豆の弱点を隠すため」のブレンドだと言えます。

さらにスーパーに置いてあるブレンドに

は、**よく「ロブスタ種」という豆が混ざっています。**

このロブスタ種は独特の雑味があり、香りが少ないのですが、味がしっかりしているため「かさ増し」によく使われるものです。インスタントコーヒーや缶コーヒーには、ほとんどこのロブスタ種が使われています。ロブスタ種のおかげでコーヒーの価格は安定的に下がるのですが、はっきり言ってしまえば、**コーヒーの味はするもののあまり「おいしい」ものではありません。**

ちなみに世界最大のロブスタ種の生産国であるベトナムでも、ロブスタ種のコーヒーをそのまま飲むことはせず、コンデンスミルクなどを混ぜて飲みます。これがベトナムコーヒーと呼ばれます。

一方で、**味が繊細で、ほどよい苦さや酸味があり、香りに奥行きがあるおいしい豆は、すべて「アラビカ種」に分類されます。**

だから「コーヒーを楽しめる人」になるためのはじめの一歩は、「アラビカ種100%の豆」か、「ロブスタ種が混ざった豆」かを区別することです。

では実際に店頭を見てみましょう。こういう豆はどうでしょうか。

■プラチナスペシャルブレンド

【生豆生産国名】ブラジル、コロンビア、他

「レギュラーコーヒー及びインスタントコーヒーの表示に関する公正競争規約」というルールによって、生豆生産国が3つ以上ブレンドされているコーヒーは、使用している割合が多い上位2カ国を表示する必要があります。だからブラジルが多くてコロンビアがその次に多い、というのはわかりますが、「他」はなんだかわからない「謎豆」です。**「アラビカ種100%」と書かれていなければロブスタ種である可能性が高い**です。ただブラジル&コロンビアの王道コンビなので、バランスの取れた味わいにはなりそう。あとは焙煎度次第。では次の豆は?

■FNB　Andersen Park

【生豆生産国名】ベトナム、ブラジル、インドネシア、コロンビア

先頭に記載されている(一番使われている)ベトナムはロブスタ種を世界一作っている国です。さらにブラジルもインドネシアもどっしりした苦味を持っているので、これは**かなり「濃い味わいのブレンド」であることが想像できます。**

ではこういう豆はどうでしょう?

■山田コロ珈琲店
【生豆生産国名】ブラジル、メキシコ、コロンビア、エチオピア

ブラジルも一部ではロブスタ種を作っていますが、この産地のラインナップだけを見ると、アラビカ種100%かそれに近いのではないかと想像できます。実店舗の豆を「大量生産化」してスーパーでも買えるようにしたものなので、山田コロ珈琲店が大事にしている味わいが楽しめそうです。

というわけで、スーパーでブレンドを買うときは、こんな風に推測しながら、アラビカ種100%に近く、好みの産地の豆が多く配合されているものを選んでみてください。
ただ正直に言ってしまうと、スーパーの安価の豆同士を飲み比べても、大きな味の違いを感じられるとしたら焙煎度くらい。「あんまり違いがよくわからない」という人も多いでしょう。

それでもいいんです。「こういう味なんじゃないか?」と推理することがまず楽しい。

また推理と比べて、「雑味が少なかった」「ちょっと苦かった」「推理どおりだった」などといった感想が生まれるのが楽しい。そしてそういった**「推理と感想」のくり返しこそが、おいしいコーヒーに出会うための近道**だと思います。

もし自分好みじゃないコーヒーに出会ってしまったら、牛乳を入れて飲んじゃいましょう。たいていおいしくなりますから（笑）。

さてレギュラー以外のコーヒーはどうでしょうか。

1杯ずつ淹れられる「ドリップコーヒー」は、疑似ドリッパーがついている分便利だし、割高というだけで、豆についてはレギュラーコーヒーと同じ考え方です。

「アイスコーヒー用」は、氷で薄まることを見越してがっつり系の味のものが多く、深煎りのロブスタ種混じりのものがよく使われています。

「フレーバーコーヒー」は、普通のコーヒーに、バニラやキャラメル、チョコレート、ヘーゼルナッツ、フルーツなどのフレーバーをつけたものです。ハワイのライオンコーヒーなどが有名ですね。僕としてはフレーバーを加えるなら、おいしいコーヒーに自分でフレーバーを加えた方がいいと思いますが、これはおいしい豆で、おいしく淹れられるようになってからのお話。
「インスタントコーヒー」は、豆をめちゃくちゃ細かく挽いて、めちゃくちゃ濃く抽出した液体から水分を飛ばしたものです。おいしさはともかく、「すぐコーヒーを飲みたい」「コーヒー牛乳を飲みたい」というときにあると便利ですよね。

最後に、スーパーでコーヒー豆を買うときは、店内備えつけのグラインダーで豆を挽いた方がいいかもしれません。

直前に挽いてから淹れた方が香りは出るんですが、**イマイチな家庭用グラインダーで挽くと、豆がイマイチな状態になる**からです。きちんとした業務用グラインダーを使って、大きさがそろった粉を使った方が、かなりおいしく淹れられるはずです（でも自分で豆から挽きたい人はそれでも大丈夫！　楽しむのが一番です！）。

Point パッケージからどこの国のコーヒーが使われているか、チェックしてみよう。

スーパーでは
洗練された「アラビカ種100%」を選び
雑味の強い「ロブスタ種入り」を避ける。

ベトナムやインドネシアの豆は
ロブスタ種である場合が多いよ

スーパーで選ぶなら

① パッケージに「アラビカ種100%」と書いてあるもの。

UMA
COFFEE
アラビカ
100%

② 生豆生産国の記載にロブスタ種メインの国がないもの。

・ブラジル
・メキシコ
・コロンビア
・エチオピア

スーパーでは一旦避ける

① 生豆生産国の記載に「ベトナム」「インドネシア」が入っているもの。

・ベトナム
・インドネシア

② 生豆生産国の記載に「他」が入っているもの。

・ブラジル
・コロンビア
…他

はじめにほしい道具

ドリッパー

これは持っていないとなにもはじまらないです。インターネット通販でもいいので一つ手に入れましょう。
素材は樹脂製のものからセラミック、銅、メタリックまでありますが、最初は樹脂製が安くて軽くて、壊れにくいのでおすすめです。

おすすめ

ハリオ V60

円錐形。お湯の抜けがはやくて、すっきりした味になります。

カリタ　ウエーブ

台形。お湯の抜けがゆっくり。どっしりした味になる。

オリガミ

円錐形と台形、両方のフィルターを使い分けられます。

ペーパーフィルター

ドリッパーの形に合ったフィルターを買いましょう。
ペーパーフィルターを使うおかげで、コーヒーの油分や雑味が取り除かれて、クリアな味になります。

おすすめ

漂白タイプ　匂いが移りにくい漂白タイプを選びましょう。

細口のケトル

お湯を注ぎやすい細口のドリップケトルを手に入れましょう。
コーヒーの粉に注ぐお湯の太さや量をコントロールできるようになります。ヤカンはたぶんキツイです（笑）。植物の水やりにも使えるから細口ケトルはあった方がいいと思います。

おすすめ

ハリオのミニドリップケトル

直火に対応していないので、他で沸かしたお湯をこのケトルに移す必要がありますが、移すことによって熱湯がだいたい「適温」になって便利。おまけに軽いし、小さいのでキッチンの邪魔になりにくいです。

カップ

コーヒーを飲むためのもの。そしてコーヒー豆の抽出液を受けるためのもの。できればコーヒーサーバーを使いたいところですが、1杯ずつ淹れるなら、ドリッパーをカップに直接のせるというやり方でもいいでしょう。

キッチンスケール

豆（粉）やお湯の重さをはかるためのもの。

できれば同時に時間もはかれる「コーヒー用ドリップスケール」がいいですが、最初のうちはキッチンスケールで十分でしょう。隣にスマホを置いて、ストップウォッチ表示をさせておいて。

コーヒーバッグ

100円均一で売られているお茶パックでも代用可。カップに入れたお湯にしばらく漬けておくだけで、おいしいコーヒーができます。ドリップバッグよりも抽出に時間がかかりますが、味はなかなかいいです。旅行先でもキャンプでも飲めます。お湯にコーヒーバッグを放り込んだ水筒を持参すれば、出社した頃にはコーヒーができている……なんていう楽しみ方もできます。

コーヒーメーカー

もちろんコーヒーメーカーでも、ドリップはできます。

ただ人間の手で「お湯の量」と「お湯を注ぐタイミング」を調節した方が、コーヒーをおいしく淹れられます。それにハンドドリップの方がコーヒーメーカーよりも抽出度が高いので、コスト的にもお得です（より少ない豆で、1杯分淹れられる）。

ちなみに豆まで挽いてくれる全自動タイプはコストの関係上、ミルの性能が低くなるのであまりおすすめできません。楽でいいんですけれどね（笑）。

淹れ方①

【基本】
コーヒーを普通に淹れてみる。

コーヒーをハンドドリップで淹れましょう。
ハンドドリップは、３つのポイントを変えることによって味が変化します。
１、豆の挽き具合
細かいほど、成分が多く出る。
２、抽出時間
ゆっくり注ぐほど、成分が多く出る。
３、粉の量に対するお湯の量
粉が多いほど（お湯が少ないほど）、成分が多く出る。

同じ味をキープするには、これらを一定にする必要があります。

ただ安価なスーパーの豆ですから、あまり細かいことは気にせず、まずは「淹れる行為」を楽しんで。

ここではおさえてほしいポイントだけを伝えます。

淹れるのに使う水は150グラムですが、湯通しで結構使うので多めに沸かしておこう！

そして こんな感じで いったんテーブルに 全部揃えてみよう
←粉入れた
私いつも コーヒー淹れながら バタバタ準備してた・・・
焦らないように 全部揃えてやるのが いいよ
はーい 先生
そしたら 測った水を 温めて・・・
チチチ…
沸かしてる間に フィルターの 端っこを折るよ
? なんで わざわざ
きちっと折って 広げてから ドリッパーに 指先使って 丁寧に入れると
フム
ここに ピチッと フィット！
ドリッパーとの間に 隙間が出来にくくて 味がブレにくいの
確かに ぴったり
慣れたら どってこと ないよ

お湯がわいたら
ドリッパーを
カップの上に置いて
フィルターに
お湯をかけるよ
どのくらい？
たくさんじゃ
なくていいよ
全体的に湿るくらい
あ〜なるほど
密着した！
ぴったり…
下のカップも
あったまるしね！
カップに残った
お湯は捨ててね
ざー
ケトルは火から
おろしたままで
いいよ
オッケー
そしたら
粉投入！
ほいきた！
ざばあ
雑すぎ！
ゆすって
粉をたいらにして
カップに置いて
ふりふり
はかりに
乗っけたら…
準備完了！
よーし
ついに淹れるよ！
楽しいね！
すでにちょっと
疲れた

お湯は合計
150g
4〜5回注ぐよ
はかりで測りながら注ぐってこと!?
むずかしそう…
目安くらいの気持ちで大丈夫
まずは全体的に粉を濡らす感じでお湯を注ぐ
たら〜っと
32g
「蒸らし」だね
30秒くらい待とう
ここから3〜4回に分けてお湯を注ぐよ
今回は真ん中に垂らす方法にしようか
まんなか…
←センタープアっていうよ
つつーっ
真ん中につ〜っと…うまいうまい
お湯が落ちてきたらまた注ぐ
お湯は30gずつを目安にするといいね
入れすぎた!
ギャー
今回は気にしない!
繰り返してはかりが大体150gになったら…

ちょっと
はみ出したけど
できた・・・！
上出来だよ～！
飲んでみて！
155g
おー
できてる
いただきまあす・・・
ぐ
う
うまい・・・！
ざっぱーん
これ私がいつも
買ってる
スーパーの粉
だよね？
いつもと
違う味する！
薄くないし
えぐみが
ない気がする
ちゃんと測って
準備して
淹れる大切さ
どして
なんでー
わかったでしょ・・・
って聞いてない！

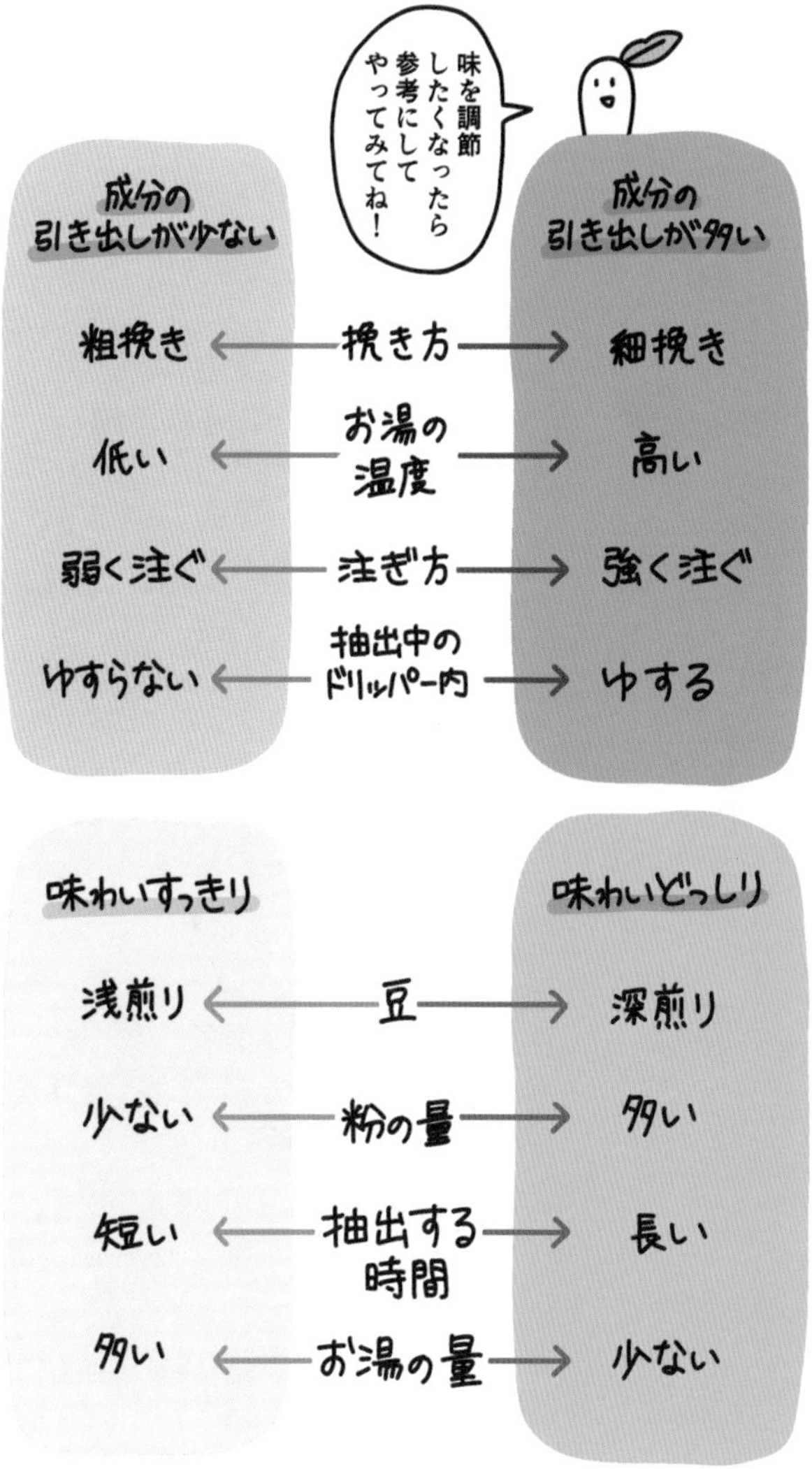
味を調節したくなったら参考にしてやってみてね！
成分の引き出しが少ない
成分の引き出しが多い
粗挽き ← 挽き方 → 細挽き
低い ← お湯の温度 → 高い
弱く注ぐ ← 注ぎ方 → 強く注ぐ
ゆすらない ← 抽出中のドリッパー内 → ゆする
味わいすっきり
味わいどっしり
浅煎り ← 豆 → 深煎り
少ない ← 粉の量 → 多い
短い ← 抽出する時間 → 長い
多い ← お湯の量 → 少ない

コーヒーを普通に淹れてみる。

まとめ

お湯を沸かす。

⬇

豆の量をはかる。
1杯あたり10グラムが基本。
（粉になっていないなら）豆を挽く。

⬇

ペーパーフィルターを折る。

⬇

ペーパーフィルターをドリッパーにセットする。

⬇

ドリッパーを、カップ（もしくはコーヒーサーバー）にセットする。

⬇

ペーパーフィルターにお湯を通し、
そのお湯をすてる。

ドリッパーに粉を入れて、
ドリッパーを軽くゆすって、
粉を平らにする。

お湯を注ぐ。最初は少しずつ、
粉全体にまんべんなくかける。

しばらく蒸らす。

ドリッパーにお湯を注ぎ、
お湯が少し落ちてきたらまた注ぐ。

3〜4回くらいに分けて注ぐ。

1杯分（150グラムくらい）
お湯を注いだら完成。

淹れ方②

【注湯式】
安いコーヒーを最高においしく淹れる。

どんなにがんばっておいしく淹れようと思っても、スーパーの安いコーヒー豆（最初から粉）を使ってしまったら、さすがに限界があるだろう。
僕は長年そう思い続けてきました。
でもあなたがそこそこコーヒーの道具を持っていて、丁寧に淹れる時間があるなら。そして粉を少しだけリッチに使うことができるなら、「え、高い豆を買わなくてもこれで十分じゃない？」と思えるような、「普通においしいコーヒー」を淹れることができます。それは飲んだ後に「雑味」「渋み」「えぐみ」をあまり感じることなく、液体が喉になめらかに入ってくるコーヒーです。
この淹れ方を発見したとき、僕は「この世にまずいコーヒー豆なんて存在せず、おいしくする努力が足りないだけなんだ」と反省しました（笑）。

ちゃんと淹れればおいしくなる…それはわかった
ワタクシ…
ちょっとわかってきちゃった
でもさすがにスーパーの粉だと限界あるよね？そろそろ次のステップかな？
コーヒーショップの豆とかさー
ふっふっふ…
これは内緒だけど「粉をちょっと多く使えば」さらにおいしくなるんだよ
人に言っちゃダメだよ…
ちょっと多く？
そうパッケージ見てみて
ん？
•粉は１杯あたり10〜12グラムです。
•お湯の量は140〜160ml（グラム）」
•最初に20秒ほど蒸らしてください。
•お湯は2、3回に分けて注いでくだ
よく見る説明文だね
これは抽出する時間をなるべく減らして雑味を出にくくする方法
その秘密の方法知りたい？
聞こうか

準備は前のにプラス「ストップウォッチ」スマホのアプリでいいよ
湯どおし済み
お湯 90グラム (85度)
粉 15グラム
ストップウォッチ
00:00
粉はちょっとリッチに15グラム使う
よく知ってんね精霊なのに・・・
お湯の温度はちょっとぬるめの85度
えっ温度計いるの?
沸騰したお湯を一旦カップに移し替えてまたケトルに戻してみて
うつす
85度くらい
なるほど
今回はお湯の量がちょっと細かくて忙しいよ
ストップウォッチ見ながら淹れる練習だと思って
ファイト!
えーできるかな
ケトルもった? 準備オーケー?
よーし来い!
よーい・・・スタート!
TAP!

1投目
ストップウォッチスタート！
少なっ！
ムズかしい！
お湯を15グラム注ぐ
15g
2投目
ストップウォッチが20秒になったら
お湯を40グラムまで注ぐ
頭こんがらがってきた
3投目
45秒になったら
ギャー
まってこぼした！
お湯を60グラムまで注ぐ
4投目
60秒になったら
お湯を90グラムまで注いでおしまい！
落ち切るまでしばし待ったら…
「濃すぎるコーヒー」できあがり！

すごい
ジェットコースター
みたいだった・・・
こんな濃いの
淹れて
どーするの・・・
濃っ
少っ
ハァ
ハァ
秘技！
お湯で割る！
お湯
60g
くらい
えーっ
せっかく
頑張ったのに！
いいから
飲んでみて
もー
！
あれ！
おいしい！
なんかスッキリ
してるかも？
これはね
粉からおいしい
成分だけを取り出して
お湯で濃度を
薄める方法
お安い豆なのに
渋くない！
でしょ～
バイパス方式っていうよ→
どんな
コーヒーだってね
工夫したら
ちゃんと
おいしくなるって
伝えたかったんだ
……！
これ気に入っちゃった
私これでいいや！
上を目指すん
でしょ！

ハマって何度も
淹れるうち
ストップウォッチに
すっかり慣れた人
天才か…

安いコーヒーを最高においしく淹れる。

まとめ

<準備>

・粉は15グラムくらい、贅沢に使う。
・お湯は85度くらい。
・お湯の量は150グラムくらい使う。

1投目　お湯を15グラムまで注ぐ。

…20秒経過したら

2投目　お湯を40グラムまで注ぐ。

…トータル45秒経過したら

3投目　お湯を60グラムまで注ぐ。

…トータル1分経過したら

4投目　お湯を90グラムまで注ぐ。

お湯が落ちきったら、さらにコーヒーサーバーに直接、お湯60グラムを追加で注いで完成。

※お湯を「ちょっと注ぐ」のが意外と難しいので、小さめのケトルを使った方がいいかも。

第3章

選んでおいしいコーヒー

コーヒー淹れるのすっかり慣れたみたいだね
最初はねストップウォッチ見ながら淹れるとかもう大混乱だったけど・・・
ちゅどーん
たしかにありゃすごかった
ばくはつしてた
慣れだね!何度もやってたら逆にあった方が安心するというか
毎回使うしコーヒースケール買っちゃおうかな〜!
いいんじゃない?これから先ずっと使うものだし・・・
2:13 01
あ
そしたらさ
今日はスーパーじゃないところでコーヒー豆選んでみる?
!
ふぃひ!(ついに!)

SALE
ボク こういうとこ初めて！ 海外のものが色々売ってるんだね
すごい いろいろある
いつもは大体 おやつとか買いにきて コーヒーも選ぶんだけど…… よくわかんないし 買うとしたら一番安い 「ブレンド」選んじゃう
全然間違いじゃないよ ブレンドはそのお店のオススメだからね！
でも今日は試しに 「ストレート」を選んでみよう
うまうまブレンド
スッキリブレンド
産地同士で 混ぜてないものね
ナントカブレンドって 書いてないやつを まず探してみて…
あ！これ
エチオピア
¥830
200g
エチオピアちゃんだ！
これは エチオピア国内のみから 豆を集めて混ぜてある 「ストレート」だね

ｷｷ
グアテマラくんもいる！
？
ちゃん…？
くん…？
お決まりでしたら
あの…
？
ね
わかるでしょ
なんか嬉しい！
この会ったことない子たちともそのうち会える？
今度呼ぼう
は
あっあの
違くてアハハハハ！
エチオピアちゃ・・・
エチオピアください！
はい
お挽きしますか？
どする？
ひそっ
だらだら
そのままで！
ハイ
豆のままでいいよ！
ありがとうございました〜

ぜったいヘンな人だと思われた…
ドンマイ…
あ そうだ 豆挽くやつあるの？
あ そっか
ん
何かないかな〜〜
お母さんは使っていいって言ってたけど店の道具は使い方わからない…
母
おそうじしてます
あれ これ
割と新しい気がするけどおじいちゃんの私物？
コーヒースケールとグラインダー
温度計
きっとそうだね新し物好きだから
やっぱりコフィアさんおじいちゃんのこと知ってるんだ
カッコイイね〜
それじゃこれら使わせてもらお
なんか一気に本格的になってきたね!?

ストレートコーヒー

straight coffee

慣れてきたら「ストレートコーヒー」を飲んでみる。

スーパーで売られているコーヒー豆のほとんどは「なんとかブレンド」です。

そして喫茶店やカフェでも「ブレンド」ばかり目にします。僕も昔はコーヒーを注文するときいつも「ブレンドください」と言っていました。あまりにもブレンドブレンド言いすぎて、「ホットコーヒー＝ブレンド」だと思い込んでいたくらいです。

この「ブレンド」はブラジルやグアテマラやエチオピアなど、主に産地同士の豆を混ぜたものですが、なぜ混ぜるかといえば、**基本的には「コストを下げるため」です。**

それは決して悪いことではありません。それぞれが持っている豆の弱点を補って、「この値段にしてはおいしい豆」にしている企業努力の賜物であり、「そこそこのコーヒーを、より安く飲める」のはブレンドのおかげなのです。

一方で「ブレンド」ではないコーヒーは、「ストレートコーヒー」と呼ばれます。

「ブラジル」「グアテマラ」「エチオピア」という具合に、パッケージにドンッと「産地名」が書かれているものがそれにあたります。フランスとイタリアのワインに違いがあるように、コーヒーも「産地」によって味の特徴が出るのです。

このストレートコーヒーは、たいていどこのコーヒー量販店でも買えます。気軽に買いやすいのは、みなさんおなじみの、あの「輸入食品とコーヒー豆のお店」でしょうか。

100グラムで300〜500円くらい（1杯30〜50円くらい）の価格帯のものが多いイメージです。まずは産地を大きく「南米」「中米」「アフリカ」「その他」のエリアに分けてみましょう。

・ブラジルを筆頭とする「南米」は、甘味、苦味強めのチョコレート傾向です。

生産量1位の巨大コーヒー産出エリアというだけあって、どんな人の舌にも合うような間違いない味です。

・グアテマラを筆頭とする「中米」は酸味、苦味、コク、後味のバランス型です。

朝起きたばかりでも、食後でも、休憩中でも、いつ飲んでも気持ちにこたえてくれるようなやさしさがあります。世界一のコーヒーを生み出すパナマも「中米」です。

・**エチオピアを筆頭とする「アフリカ」は、酸味とフレーバーを楽しむコーヒーです。**
コーヒーのルーツ。「これがコーヒー?」と驚く人がいる一方で、アフリカからコーヒー沼にハマったという人も多いです。ハマっていったら自然とアフリカに行き着いたという人もいます。

・その他の地域のうち、**東南アジアは「インドネシア」「ベトナム」がハンパじゃない生産量で、作られている豆の大半は「がっつり系のロブスタ種」です。**だから「大量生産系のブレンド」のパッケージを見ると、生産国としてよく見かけます。ただ、インドネシアには「マンデリン」や「トラジャ」などアラビカ種を使った例外もあります。

そして豆によっては格付け（等級）がついている場合があります。その評価ポイントは生産国によって異なり、主に欠点豆・標高・豆の大きさ・味のいずれかになります。

ではそれぞれ見てみましょう。

南米

バランス苦味系

ブラジル

みんなに頼られる力持ち。ナッツの風味が豊かな、まさにコーヒーの王道。

格付け1位

「No.2」

欠点豆が少ない

生産量、輸出量ともに世界最大の産地。

しっかりとした口当たりと、ナッツ&チョコレートの風味。苦味、酸味、ボディ、力強さともにまさに世界のど真ん中の味わい。初心者にはうってつけの豆で、どんな味が好みの人にとっても失敗は少ないと思います。

アラビカ種が約7割、ロブスタ種が約3割で、おいしい豆も大量生産する豆もなんでもそろっています。

主な生産処理

ナチュラル

パルプドナチュラル

主な焙煎度合

深煎り

中深煎り

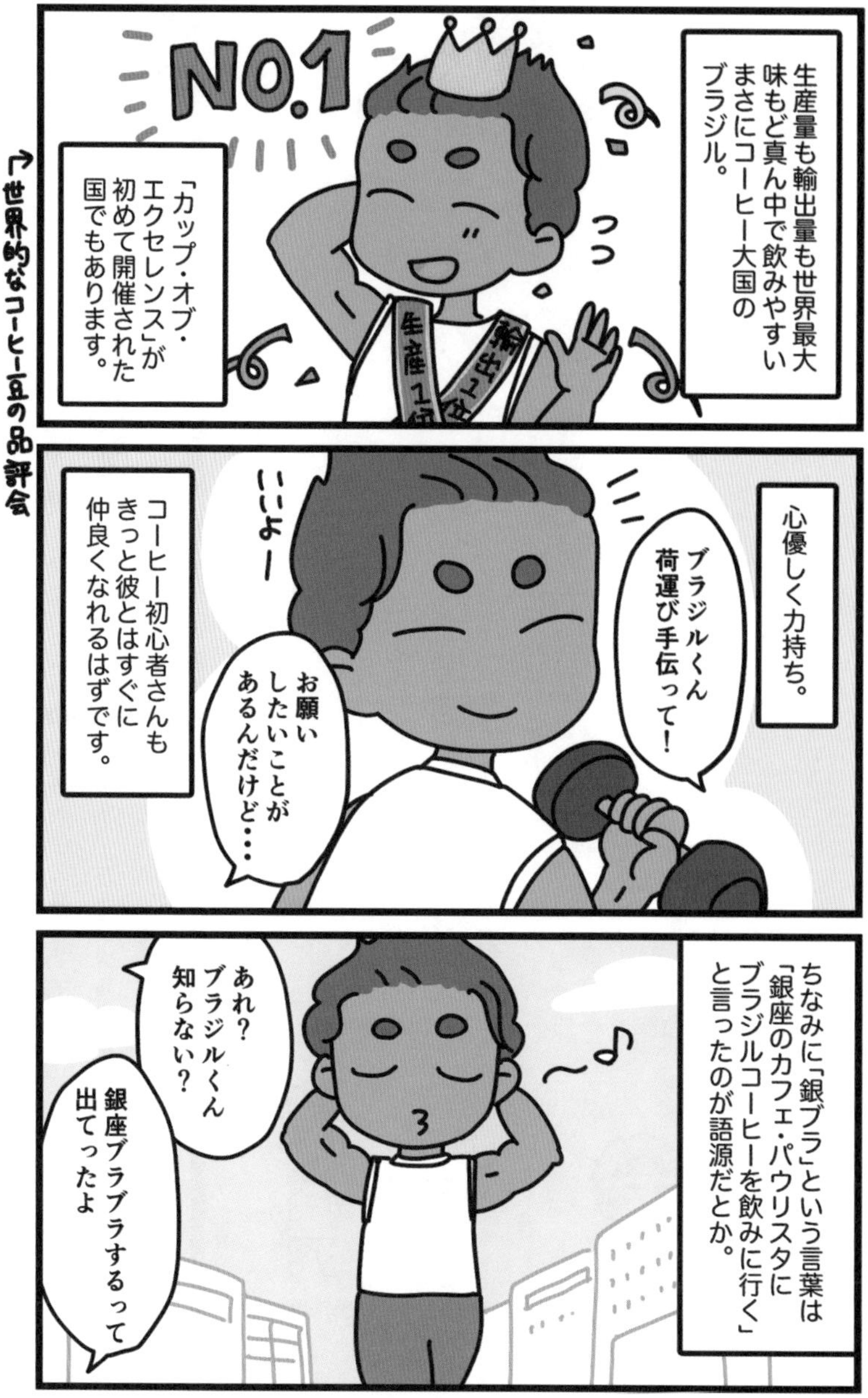
生産量も輸出量も世界最大
味もど真ん中で飲みやすい
まさにコーヒー大国の
ブラジル。
NO.1
生産1位
輸出1位
「カップ・オブ・
エクセレンス」が
初めて開催された
国でもあります。
↑世界的なコーヒー豆の品評会
心優しく力持ち。
ブラジルくん
荷運び手伝って！
いいよー
お願い
したいことが
あるんだけど…
コーヒー初心者さんも
きっと彼とはすぐに
仲良くなれるはずです。
ちなみに「銀ブラ」という言葉は
「銀座のカフェ・パウリスタに
ブラジルコーヒーを飲みに行く」
と言ったのが語源だとか。
～♪
あれ？
ブラジルくん
知らない？
銀座ブラブラするって
出てったよ

南米

マイルド系

コロンビア

さわやかスポーツマン。バター、キャラメルのようなマイルドさで魅了する。

格付け1位

「スプレモ」

豆の粒が大きい

バター、キャラメル、ヨーグルトのようなコクと酸味。まさにマイルドの中のマイルドとも言え、口当たりが「なめらか」とさえ感じます。

コーヒーの産地として標高や気候はバッチリなのですが、山の傾斜がきつく農地を広げにくいことから、高品質の「アラビカ種だけ」しか作らないのも特徴。

ちなみに格付けのスプレモは「最高級」、エキセルソは「すばらしい」という意味。

主な生産処理

主な焙煎度合

昼夜の寒暖差
雨季と乾季のバランス
寒っ
火山灰を多く含む土地
美味しいコーヒーを生み出す条件がコロンビアには揃っています。
だけど山の傾斜がきつくて農地を広げにくいのがネック。
ま まだ着かないの…?
そこの坂登ったらすぐだよ!
それならばと高品質のコーヒーだけを作ることにしました。
中でも厳しい選定基準をクリアした「スプレモ(最高級)」はコロンビアらしいバランス感がありつつ、よりマイルドな口当たり。
ワン!
ただいま!
カワイイ
ハー
ちなみにコロンビアのゲイシャ種は甘みが強くおすすめです。

南米

やわらか酸味系

ペルー

ちょっと内気だけど、本当はけっこうできる男の子。ほのかなバニラの香り。

格付け1位

「ESHP」

欠点豆が少ない

ナッツ感とやさしい酸味。あとに広がるバニラっぽい甘味。元々コーヒーを育てる環境に恵まれていましたが、ずっと存在感が薄く、やる気も自信もありませんでした。

ところが2010年に全米スペシャルティコーヒー協会の品評会で1位を獲得すると、にわかにやる気と才能を発揮しはじめ、今では隠れた名産地に。オーガニックコーヒーの生産地としてもよく知られています。

主な焙煎度合

深煎り　中煎り

主な生産処理

ナチュラル　ウォッシュト

コーヒー豆の産地としてはあまり知られていなかったペルー。
ペルーといえばマチュピチュだよね！
あこがれ！
…高い山や大きな川もあっていいとこなんだ
もご
もご
…なんだって？
でも実は標高の高いアンデス山脈や水量豊富なアマゾン川があって環境はベストなんです。
2010年に全米スペシャルティコーヒー協会の品評会で1位を獲得してからというもの
君
びしっ
めっちゃおいしいじゃん！
やればできる子だと信じていたよ！
才能があると思ってたの！
やんや
やんや
急に…
生産へのモチベーションアップ！
家族経営のコーヒー農家が中心でその3割は有機農法です。
あらあの子どこいったのかしら
さっきまでそこにいたんだが
おにーちゃんご飯だよー！
そーっと
オーガニック志向の人にもペルーのコーヒー、おすすめです。

南米

まろやかコク系

ボリビア

人当たりがいい将来有望な学生。コクがあって、ジャスミンの香りと桃の甘さ。

格付け1位

なし

ジャスミンのような香りと、桃のような甘さ。

家族経営のこじんまりとした農家で丁寧に作られ、「密度が高く、香り豊かな高級豆」を生み出します。高級品種のゲイシャも使われます。

アンデス山脈の標高と、チチカカ湖の適度な湿度が、コーヒー栽培にとってはベストな環境。

僕のお気に入りの産地で、毎年買い付けに訪れています。

主な生産処理

ナチュラル　ウォッシュト

主な焙煎度合

中煎り　浅煎り

ウユニ塩湖だー！
この次チチカカ湖も行こうぜ！
ボリビアも標高が高すぎてコーヒー生産に向く土地はごくわずか。
渓谷の斜面を切り開いてコーヒー農園をはじめました。
斜面には大型機械はもちろん入れず
でもその分大切に丁寧に育てられたボリビアのコーヒーは
あ 母ちゃんから電話だ もしもーし
いまどこなの？取材の予定忘れてるでしょ
母
やべ
スペシャルティコーヒーの世界で注目されるようになりました。
ちなみに世界一標高が高い農園と言われる「アグロタケシ農園」が有名です。
ちょっと用事できちゃって一緒に来る？
まさかまた山の上…？
標高2000mくらいかな
ヒィ〜〜〜

※アグロタケシは「人々の目を覚ます」という意味らしい。カッコいい。

クリア系

エクアドル

下町で生きる努力家の男の子。さっぱりとしたシトラス系の味わい。

日本でエクアドル産といえばインスタントコーヒーでおなじみで、正直言っちゃうと「安いなりにそこそこ」の豆ばかりでした。ただ世界的なコーヒー人気とともに「環境的に良いコーヒー豆を作れるんじゃない？」と注目されはじめ、現在はスペシャルティコーヒーを栽培する農家が増殖中。ときどき見かける高品質のエクアドル産は「透明感がある」と言われ、くせがなく洗練された味になります。

主な生産処理

ナチュラル　ウォッシュト

主な焙煎度合

中煎り　浅煎り

格付け1位

「スプレモ」

豆の粒が大きい

エクアドルといえば
ガラパゴス諸島
バナナとカカオ
そしてコーヒー豆です。
あ
エクアドルくん
コーヒーの木は
強い日差しを避けるため
バナナやカカオと
一緒に植える習慣があります。
インスタントコーヒー用の
「ロブスタ種」のイメージが強い
エクアドルですが
ボリビアなどと同様
アンデス山脈があるため
この暑い中
何読んでるの？
勉強だよ！
バナナの木の下は
涼しいよ
良質な「アラビカ種」も
作られており
最近ではシングルオリジンにも
注力しています。
エクアドルは
これから必ず
美味しくなる産地。
君は本当に
勉強家だな
おごるよ
あとで
飲みに行こう
やった
どこかで
「美味しそうなエクアドル」を
見かけたら
ぜひ飲んでみてくださいね。

→シングルオリジンは「ロハ地区」が有名。

中米

コク系

グアテマラ

仲間思いのやさしい優等生。カラメルやチョコレートのような濃厚なコク。

格付け1位

「SHB」

標高が高い

甘い香りが豊かなチョコレート感とカラメル感。ブレンドのベース豆にもよく使われます。格付け最上位の「SHB」は「ストリクトリー・ハード・ビーン」つまり「ガチで硬い豆」みたいな意味になりますが、標高が高いほどゆっくりと熟し、上品な酸味を生み出す硬い豆になるようです。ちなみに「ウエウエテナンゴ」という地域が、カップ・オブ・エクセレンスで毎年入賞するので人気です。

主な生産処理

ナチュラル　ウォッシュト

主な焙煎度合

深煎り　中煎り

グアテマラはメキシコの南にある中米を代表するコーヒー豆の産地です。

火山が多く雨もよく降るので栽培には適した場所。

わー大きな山!

面積は日本の3分の1ほどですが生産量は世界トップ10に入るコーヒー大国です。

特に人気があるのは一番古い「アンティグア地区」で作られるコーヒー。

いらっしゃい!

エチオピアとブラジルも来てるよ!

浅煎りでも深煎りにしてもコクが豊かなので他の豆とブレンドして使われることも多いです。

飽きがきにくい安定の味。

あららら長旅で疲れて寝ちゃった
ZZZ
かー
みんなに愛されているグアテマラです。

やわらか
酸味系

エルサルバドル

前向きなラッキーガール。深いコクがありつつ、オレンジのようなみずみずしさ。

格付け1位

「SHG」
標高が高い

しっとりとした、クリーミーな酸味。オレンジっぽいジューシーさを味わえるパカマラ種に人気があります。

政府が「コーヒーの国」をアピールしていることもあり、作っているのはアラビカ種だけ。内戦があったので品種の植え替えが捗らず、病気に弱く、味がよい「ブルボン種」が多く残っています。また火山灰が水はけのよい土壌を作り、香り高いコーヒーができるようになりました。

主な生産処理

ナチュラル　ウォッシュト

主な焙煎度合

中深煎り　中煎り

コーヒー大国の
グアテマラとホンジュラスに
挟まれたエルサルバドル。
ナカーーマ!
国花はなんと
「コーヒーの花」!
赤道直下なため
コーヒー豆の栽培には
暑すぎるのですが
標高が高いため
ちゃんと育つこと。
幸・・・
味が良いブルボン種が
たくさん残っていること。
品種改良でパカマラ種が
誕生したこと。
火山が爆発した影響で
火山灰が良い土壌となったこと。
色々あったけど
すべては良くなっていく
ものだよね・・・
うんうん
いろんな要因が合わさって
香りの良い
素晴らしいコーヒーが
生産されています。

中米

複雑系

パナマ

華やかなみんなのマドンナ。浅煎りにすると、まるでレモンティーのようなフルーティーさ。

格付け1位

「SHB」
標高が高い

フローラルでトロピカル。風味がとにかく豊かで上品かつ、複雑きわまりない。

「世界一高級なコーヒー豆」はパナマのゲイシャ種であり、コーヒーの世界大会で一番使われる豆です。2004年の国際品評会で「エスメラルダ農園」が「ゲイシャコーヒー」を出品。その圧倒的な個性で審査員たちを感動させ、当時の史上最高価格で落札されたことが伝説になっています。

主な生産処理

ナチュラル

ウォッシュト

主な焙煎度合

中浅煎り

浅煎り

読者様限定
プレゼント

図解 コーヒー一年生

著者:粕谷哲　イラスト:山田コロ

特別無料
動画配信

コーヒー
世界チャンピオン
粕谷哲氏が

「インスタントコーヒー」「コンビニのコーヒー」
「チェーン店のコーヒー」「スターバックスコーヒー」
「スペシャルティコーヒー」のおすすめを
それぞれご紹介します!

LINE登録するだけ!

【動画の視聴方法】

サンクチュアリ出版の公式LINEを
お友だち登録した後、トーク画面にて、
コーヒー1010
と送信してください。

自動返信で、視聴用のURLが届きます。
動画が届かない、登録の仕方がわからないなど不明点がございましたら、
kouhou@sanctuarybooks.jpまでお問い合わせください。

パナマは元々コーヒーの生産的に出遅れていた国でした。
そーー…
いた!パナマさんだ
パナマさんだ/ パナマさんよ/
ところが2004年「ベスト・オブ・パナマ」というコーヒーの品評会でのこと。
エスメラルダ農園の「ゲイシャ種」がとんでもない金額で落札され
なんてよい香りなんだ…
ざわ
紅茶のような…可憐な白い花のような…
ざわ
一躍脚光を浴びることに!
自分を褒めてあげたい日に。
連れているゲイシャも気品に溢れて…
一度でいい触れてみたい…
ざわ
また声かけられなかった…
一度は「体験」してほしいコーヒーです。

超すっきり系

ホンジュラス

いつも近所を走っている女の子。
とにかく軽くて
さっぱりとした味わい。

格付け1位

「SHG」
標高が高い

さっぱりボディに、やさしい酸味。いわゆる「アメリカン」的な味なのでアメリカで人気があります。

おいしいコーヒーをかるーく飲みたい人におすすめ。一方、深煎りにするとしっかり苦味が出るため、ブレンドにもよく混ぜられます。中米で一番のコーヒー生産国ですが、なんとなく地味なのは、グアテマラなどの近隣国が先に高品質の豆を出して有名になってしまったため。

主な生産処理

ウォッシュト

主な焙煎度合

浅煎り

中煎り

ホンジュラス
あ〜 いたいた!
教科書で見た遺跡!
すごい!
マヤ文明 深い森に閉ざされた神秘の王国
迷子になるよっ
ゴメンっっ
神秘すぎて いつコーヒーの木が 伝わったのか定かではありません。
2000年代以降 急にレベルが上がり 「カップ・オブ・エクセレンス」では 毎年たくさんの農園が 入賞します。
そいえば なんか最近 雰囲気 変わった?
カワイイ〜
がんばってるの!
っっ
ほんと!? うれしいな〜
お腹空いたでしょ! 何食べたい?
ん〜・・・
そうねえ〜
じゃあ 私のオススメのとこ 連れてくね!
軽くてスッキリな感じが 好きならきっと仲良く なれるはず。

中米

複雑系

コスタリカ

「スペシャルティ」を連発するモテ女子。熟したチェリーのような口当たり。

格付け1位

太平洋側…「SHB」
大西洋側…「HGA」
標高が高い

強いアロマと、気持ちのいいキレ。

アラビカ種しか作らず、しかもそのうちの半分が「スペシャルティ」というすごさ。年々人気が出てきて、もはや「スペシャルティ＝コスタリカ」みたいな雰囲気にもなっています。

生産処理の「ハニープロセス」を発明した産地でもあります。ハニーというのは、果実の粘液のことで、はちみつのように甘いわけではないのでご注意。

主な生産処理

ナチュラル　ハニープロセス

主な焙煎度合

中煎り　浅煎り

太平洋とカリブ海に挟まれたコスタリカ。

「ロブスタ種」の栽培を禁止し「少なく作って高く売る」ことにした国です。

へぇ～ダンスパーティー？

そうなの！ちょっと着替えてくるわね
すこし待っててね
ウォッシュドはスルスル飲めるさっぱり系。

おまたせ！

カッ
しばらく時間あるから一杯行こ～！

行くよー！！

ナチュラルはベリー系のフルーティーなイメージと印象が変わります。

コスタリカさん!?

一杯…？

アナエロビックプロセス（嫌気性発酵）も盛んです。

ゴくゴくゴく
トロピカルだったりカカオっぽかったりウイスキーやラムのようなお酒の味わいを感じることも。

中米

すっきり系

ニカラグア

どこか神秘的な感じのする女の子。チョコレートの甘さとシトラスの香り。

格付け1位

「SHG」
標高が高い

あまり主張は強くないですが、すっきりとしたきれいな酸味があって、花とかベリーのような香りがします。

政情が不安定だったこと、またほとんどがヨーロッパに輸出されていたこともあり、あまり日本では知名度が高くありませんが、実はすごく魅力的なコーヒーを作っている産地なのです。

ちなみにニカラグアで作られるジャバニカ種は、ジャワ島のジャバコーヒーと同じです。

主な生産処理

ナチュラル

ウォッシュト

主な焙煎度合

中煎り

中浅煎り

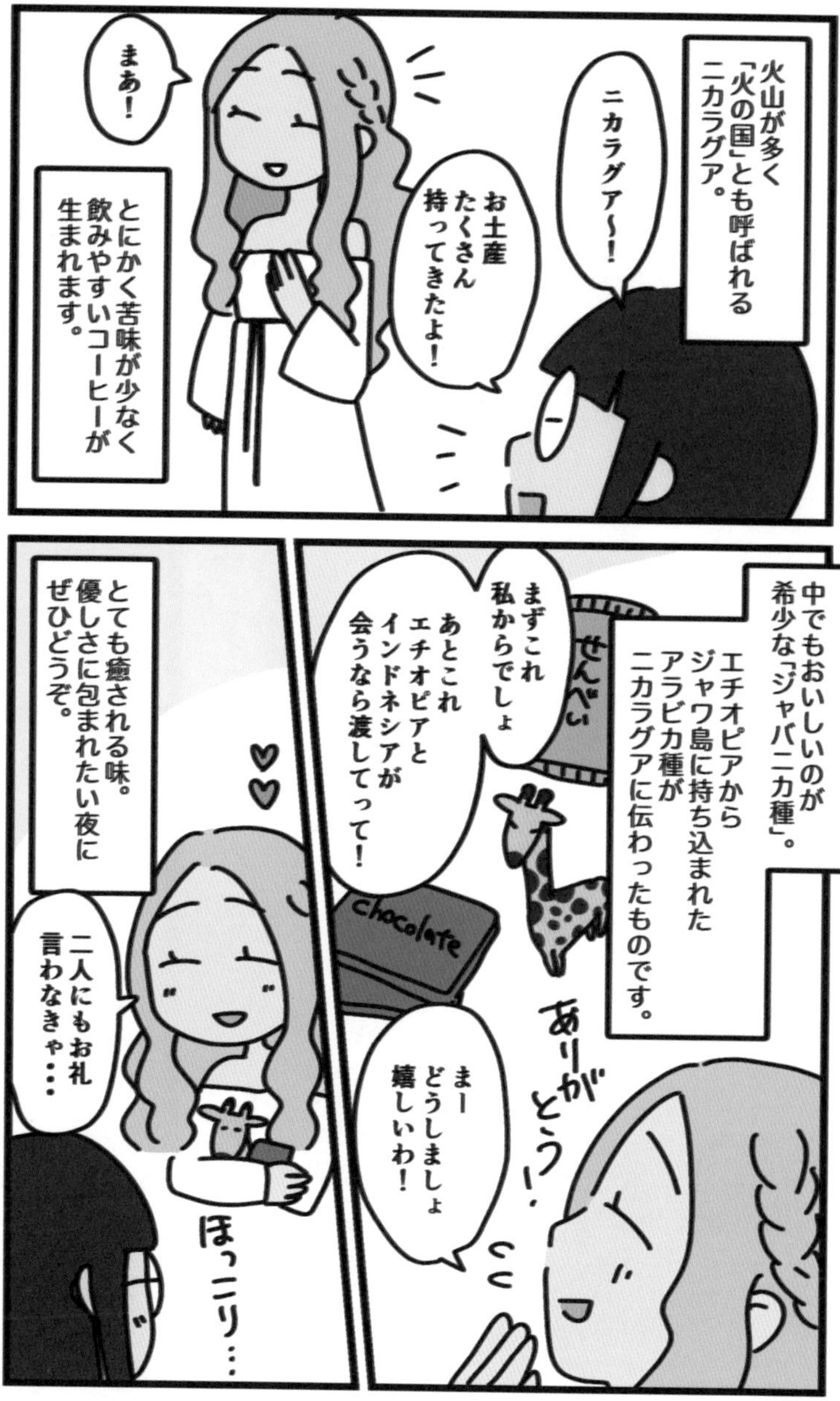

火山が多く「火の国」とも呼ばれるニカラグア。
ニカラグア〜〜！
お土産たくさん持ってきたよ！
まあ！
とにかく苦味が少なく飲みやすいコーヒーが生まれます。
中でもおいしいのが希少な「ジャバニカ種」。
エチオピアからジャワ島に持ち込まれたアラビカ種がニカラグアに伝わったものです。
まずこれ私からでしょ
あとこれエチオピアとインドネシアが会うなら渡してって！
せんべい
chocolate
ありがとう！
まーどうしましょ嬉しいわ！
とても癒される味。優しさに包まれたい夜にぜひどうぞ。
二人にもお礼言わなきゃ・・・
ほっこり…

さっぱり
酸味系

ジャマイカ

いつも「青山」にいる高級志向の男の子。クセがなく、日本人に好まれる味わい。

格付け1位

「No.1」
豆の粒が大きい＋
欠点豆が少ない

ジャマイカといえばブルーマウンテン。ブルーマウンテン山の限られた標高で作られた豆だけが「ブルーマウンテン」を名乗ることが許され、その味はすべてのバランスが取れた贅沢コーヒーだとされています。

ただ日本でブランド化に成功した銘柄で、輸出の9割以上は日本。世界ではほとんど知られていません。

贈答用として「高級」であることに意味があるのかも。

主な生産処理

ウォッシュト

主な焙煎度合

中煎り

浅煎り

ジャマイカといえば
やはりブルーマウンテン。
コーヒーの歴史で
最もブランディングに成功した
場所のひとつです。
すごい
霧深い山！
メガネが
くもる！
きゅきゅ
あれ
お嬢ちゃん
どうしたの
こんなところで
世界三大コーヒーの
ひとつでもあります。
コーヒーって
木の樽に入っている
イメージがあると
思いますが
あ
ジャマイカくん？
会いに来…
※カオル視点
ぼやぁ
実はあれ
ブルーマウンテンだけの
特徴なんです。
すっきりとした酸味と
甘みで飲みやすく
日本で人気があります。
よく来てくれたね！
大変だったでしょ
えっジャマイカくん
どうして樽に
入ってるの…？
趣味…？

他の産地は麻袋→

フローラル
酸味系

エチオピア

おとなしいお嬢様。花の香りと、ぶどうやベリーのようなジューシーさ。

格付け1位

「G1」

欠点豆が少ない

これぞ酸味系の代表。レモンティーのようなクリアさ。さらにウォッシュトならジャスミン、ナチュラルならベリーと、生産処理によって違う風味に。コーヒーの「はじまりの地」とも言われ、今でも野生のコーヒーの木からチェリーを摘むのが主流。それは「モカ」とも呼ばれ、「モカブレンド」といえば、エチオピア（あるいはイエメン）の豆が入っているという意味になります。

主な生産処理

ナチュラル　ウォッシュト

主な焙煎度合

深煎り　浅煎り

エチオピアは
コーヒーのルーツ。
すべてはここから始まり、
広がっていきました。
かわいい〜！
でしょ！私が小さい頃
見つけたんだよ〜
そしてエチオピアといえば
ゲイシャ種の故郷です。
1931年
えっちょっと
その子どこから
連れてきたの!?
裏山で拾ったの！
ちゃんと
お世話するから
飼っていいでしょ？
ゲシャ村で発見された
ゲイシャ種が
とんでもないおいしさで
世界中がおどろきました。
個性的で華やかな香りを持つ
エチオピアのコーヒーは
エチオピア
これからお茶
飲みに行かない？
いいよ〜！
エチオピア
買い物
行こうよ！
じゃあみんなで
一緒に行こう！
どこにいても
抜群の存在感で
世界中に愛されています。

ジューシー酸味系

ケニア

元気いっぱいの体育会系リーダー。ベリーのような明るい酸味でみんなを刺激する。

格付け1位

「AA」

豆の粒が大きい

キラキラジューシーな酸味。ブルーベリーとか、トマトのようなフルーツ感あり。

世界的に見ればコーヒー栽培に出遅れた産地ですが、東アフリカで初となるコーヒーの研究機関を作り、農園の運営、栽培、加工、精製、カッピングなどを一括管理するようになったことで、一気にコーヒーの質が高まりました。研究所で開発された「SL28」「SL34」という品種が有名です。

主な生産処理

ウォッシュト

主な焙煎度合

中浅煎り

中深煎り

ちなみに世界初はブラジル（1906年設立）

アフリカ

超酸味系

タンザニア

目立ちたがり屋のお調子者。「キリマンジャロだよ！」が口癖。はっきりとした酸味。

格付け1位

「AA」
豆の粒が大きい

浅煎りならワイルドな酸味。深煎りならどっしりとした苦味と甘味。

「キリマンジャロ」と聞けばなじみのある人も多いでしょう。キリマンジャロはアフリカ最大級の山ですが、タンザニアで生産されたアラビカ種はすべてその名で呼ばれています。ブルーマウンテンとハワイ・コナとともに日本では三大コーヒーと言われており、特に昔ながらの喫茶店でよく見かけます。

主な焙煎度合

深煎り　中浅煎り

主な生産処理

ウォッシュト

タンザニアといえばやはりキリマンジャロ。
ブルーマウンテンやコナと並ぶ世界三大コーヒーの一つです。
うちんち来たいって？いーよ！
ぐ
いいけどめちゃくちゃ山の上だよ？
え？その小説の舞台にも行ってみたいって？
聖地巡礼ってやつか！
味の特徴は標高の高さからくる軽くさわやかな酸味。
日本で知られるようになったのは短編小説「キリマンジャロの雪」がきっかけとか。
明るい…
多分全然うちの近所ではないと思うけど！
ガハハハ
いってみよっか！野生動物気をつけてね！
オレいれば平気だけど
深煎りにして日本の古き良き純喫茶文化を楽しむのも良いですね。

複雑系

ルワンダとブルンジ

注目を集めるおしゃれな双子。ハーブのような独特な香りと、透明感のある複雑な酸味。

格付け1位

「Super Specialty」
欠点豆が少ない＋
味がよい

ルワンダ
ブルンジ

口当たりがなめらかで、さわやか。香り豊かで、複雑な味わいを楽しめます。

いくつもの歴史的な困難や内戦を乗り越えて、国全体が「高品質のコーヒーを輸出しよう！」と盛り上がっていることから、丁寧に作られ、奥深い味わいのコーヒーが生まれており、世界のコーヒーマニアからの評価もどんどん上がっています。どちらも僕がとても楽しみにしている産地です。

主な生産処理

ナチュラル
ウォッシュト

主な焙煎度合

中煎り
浅煎り

北にルワンダ
南にブルンジ。
共通するのは
度重なる困難と貧困。
そして
コーヒー栽培に最適な
自然環境です。
ルワンダでは困難を乗り切るため
「コーヒー生産頑張ろう！」という
復興運動が起こりました。
迫力ある
二人だな
あっあの
こんにちは…
あれ
君は…
一方ブルンジでは
貧困のため農薬や設備を
満足に揃えるのが難しく
ほぼ手作業で手間ひまをかけ
「高品質の
オーガニックコーヒー」を
生み出しています。
苦難や貧困ゆえに生まれた
丁寧で奥深い味のコーヒー。
遠いところ
ようこそ！
ゆっくり
してってよ
…ウス
優しい人
たちだ…
ホッ
心して飲みましょう。
とにかくおいしいんです。

超さっぱり系

パプアニューギニア

自由気ままなふわふわ男子。印象を残さないほど、さっぱりと爽やかな味わい。

格付け1位

「AA」
豆の粒が大きい

さっぱり、すっきり。引っかかりなく飲めるのが魅力。とにかくクリアな味なので、苦味好きな人には、きっと「薄い」と感じられるでしょう。

コーヒーの木は、ジャマイカから持ち込まれたもので、どこかにブルーマウンテンの面影を見出せるかもしれません(同じティピカ種)。

ただ味としては、気候が近いインドネシアの苦くないバージョンとも言えます。

主な生産処理

ウォッシュト

主な焙煎度合

中煎り

中浅煎り

サンクチュアリ出版＝本を読まない人のための出版社

はじめまして。サンクチュアリ出版・広報部の岩田梨恵子と申します。
この度は数ある本の中から、私たちの本をお手に取ってくださり、
ありがとうございます。…って言われても「本を読まない人のための
出版社って何ソレ??」と思った方もいらっしゃいますよね。
なので、今から少しだけ自己紹介させてください。

ふつう、本を買う時に、出版社の名前を見て決めることって
ありませんよね。でも、私たちは、「サンクチュアリ出版の本だから
買いたい」と思ってもらえるような本を作りたいと思っています。
そのために"1冊1冊丁寧に作って、丁寧に届ける"をモットーに
1冊の本を半年から1年ほどかけて作り、少しでもみなさまの目に
触れるように工夫を重ねています。

そうして出来上がった本には、著者さんだけではなく、編集者や
営業マン、デザイナーさん、カメラマンさん、イラストレーターさん、書店さんなど
いろんな人たちの思いが込められています。そしてその思いが、
時に「人生を変えてしまうほどのすごい衝撃」を読む人に
与えることがあります。

だから、ふだんはあまり本を読まない
人にも、読む楽しさを忘れちゃった人たち
にも、もう1度「やっぱり本っていいよね」
って思い出してもらいたい。誰かにとって
の「宝物」になるような本を、これからも
作り続けていきたいなって思っています。

sanctuary books

サンクチュアリ出版の主な書籍

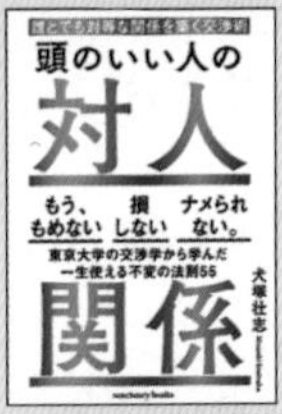
頭のいい人の対人関係 誰とでも対等な関係を築く交渉術

東大生が日本を100人の島に例えたら面白いほど経済がわかった！

やる気のスイッチ

虚無レシピ

貯金すらまともにできていませんが この先ずっとお金に困らない方法を教えてください！

考えすぎない人の考え方

相手もよろこぶ 私もうれしい オトナ女子の気くばり帳

いといとエモし。 超訳 日本の美しい文学

カメラはじめます！

学びを結果に変える アウトプット大全

多分そいつ、今ごろパフェとか食ってるよ。

お金のこと何もわからないまま フリーランスになっちゃいましたが 税金で損しない方法を教えてください！

カレンの台所

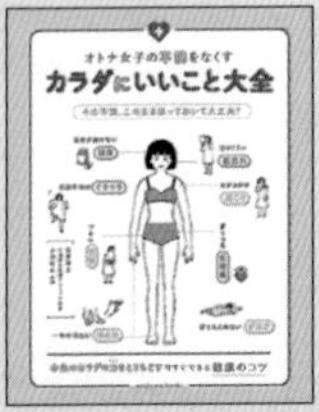
オトナ女子の不調をなくす カラダにいいこと大全

図解 ワイン一年生

覚悟の磨き方 ～超訳 吉田松陰～

クラブS

会員さまのお声

読みやすい本ばかりで
どの本も面白いです。

通販が200円OFFで買えるのがお得です。

サイン本もあり、本を普通に購入するよりお得です。

来たり来なかったりで気長に付き合う感じが私にはちょうどよいです。

自分では買わないであろう本を読んで新たな発見に出会えました。

何が届くかわからないわくわく感。
まだハズレがない。

オンラインセミナーに参加して、新しい良い習慣が増えました。

会費に対して、とてもお得感があります。

本も期待通り面白く、興味深いものと出会えるし、本が届かなくても、クラブS通信を読んでいると楽しい気分になります。

読書がより好きになりました。普段購入しないジャンルの書籍でも届いて読むことで興味の幅が広がりました。

自分の心を切り開く本に出会いました。悩みの種が尽きなかったのに、そうだったのか!!! ってほとんど悩みの種はなくなりました。

本を読まない人のための出版社
サンクチュアリ出版
CLUB
本のびっくり箱
月額会員メンバー
クラブS
1〜2カ月で1冊ペースで出版
サンクチュアリ出版の電子書籍が読み放題
クラブSとは
どこよりも早く読める！
普段読まないような本に出会える
クラブSの詳細・お申込みはこちらから
http://www.sanctuarybooks.jp/clubs

地球最後の楽園
パプアニューギニア。
様々な生物が
数多く生息する
自然の宝庫です。
すごい
いろんな生き物が
いるなぁ・・・
ん？
あら～
か～わいぃい！
パプア
ニューギニアくんに
会いにきたんだけど
君知らない？
コーヒーの歴史は浅く
ほとんどが小規模農園で
通じた!?
いまだにティピカ種を
生産する数少ない国。
トトッ
独自の製法と環境の影響により
癖がなくどこまでもクリア！
あ
いたいた！
って
なんかもはや
透けてるけど
大丈夫!?
よく
来たね～
それ以前に
浮いてない!?
とにかく
さっぱりしたい時に
選んでみてください！

エキゾチック
酸味系

イエメン

エキゾチックなお姉様。
ワインに似た香りと、
どこか土っぽい味わい。

格付け1位

「マタリ」

産地が優秀

フルーツのような独特の酸味。

土っぽくて、ホコリっぽい独特な風味。

またモカフレーバーと言われるワインのような香り。

そんなイエメン産のコーヒー豆は「モカ・マタリ」と呼ばれています。

イエメンに「モカ港」があり、そこからイエメン産とエチオピア産の豆が輸出されていたことから、いずれも「モカ」と呼ばれるようになったのです。

主な生産処理

ナチュラル

主な焙煎度合

中煎り

深煎り

イエメン産のコーヒー豆は「モカ・マタリ」と呼ばれています。
呼んでくれてありがとねイエメン！
来てくれて嬉しいよ！
イエメンの「モカ港」からイエメンやエチオピア産の豆が輸出されていたことがきっかけでどっちも「モカ」と呼ばれるように。
モカ・マタリには等級がありますが最高ランクのNO.9でも欠点豆が結構多く入っていてイエメンらしい複雑な味になります。
この後どうする？良いレストランがあるんだけど
いいね！行こう行こう
あ
そうだエチオピアも誘おう
フルーティーだけど少し土や砂っぽいエキゾチックな香り。
もしもし？今から来れる？いいからおいでよ！はーい
淹れる前にその欠点豆を取り除いてあげるとさらにフルーティーな香りになりそう！
んもー
いつも強引なんだから

豆ちしき

「カフェモカ」はコーヒーにミルクやチョコソースを加えて作るドリンク。ここでいう「モカ」とは関係ないんです。

屈強
苦味系

ベトナム

口数の少ないマッチョマン。地味だけど安定した味わい。陰でみんなを支える。

格付け1位

「G1」

豆の粒が大きい＋欠点豆が少ない

生産量・世界第2位の巨大コーヒー国。作っているのは、質の劣るロブスタ種がメインなので、単体（ストレート）で飲まれることはほぼなく、「ベトナムコーヒー」は屈強系のコーヒーを練乳などと混ぜて飲みやすくするという文化が定着したものです。

ただおいしい豆を作っている農園も増えてきているので、これから大化けする産地かもしれません。

主な生産処理

ナチュラル

ウォッシュト

主な焙煎度合

中深煎り

深煎り

生産量世界2位のコーヒー大国・ベトナム。ほとんど「ロブスタ種」なので単品(ストレート)でというよりはブレンドでよく見かけます。
ベトナム！今度のバスケの試合も助っ人頼むよ！
誘いは嬉しいが・・・
本当に私でいいのだろうか？
毎回地味なプレイばかりになってしまう・・・
そんなことないよ
ベトナムの豆が入ると苦味が加わりどっしりした味わいに。
お前がいてくれるだけでチームが強くなるんだよいつも言ってるだろ？
ああ・・・
みんな待ってるから
限られた人の嗜好品ではなく日々コーヒーを楽しむために必要な存在です。
近頃はおいしい豆を作っている農園もあり
え⁉ ベトナムくん⁉
なんかちょっとかっこよくなった⁉
これからが楽しみな産地です。

屈強
苦味系

インドネシア

高い身体能力を持つ格闘家。
土、草、革のような
スパイシーさと、重厚な味わい。

格付け1位

「G1」
欠点豆が少ない

「インドネシア産」と書かれた豆はほとんどロブスタ種。一方で「マンデリン」と書かれた豆は、スマトラ島のアラビカ種を使った銘柄です。

普通は生豆に殻がついた状態で乾燥させますが、マンデリンはまず生豆の状態にしてたねを乾燥させる「スマトラ式」という独特な生産処理をするため、土、草、革のような唯一無二の味がします。この個性にハマる人はハマります。

主な焙煎度合

主な生産処理

インドネシアくん
大丈夫!?
どこか怪我してるんじゃ・・・
大丈夫だ
じゃあ
なにして・・・
地球を感じてる
地球を・・・
インドネシアのコーヒーは
「スマトラ式」という
独自の生産処理で作られます。
土・草・革のような風味。
アーシー・・・
インドネシアのコーヒーを飲んだら
アーシー(地球っぽい)と呟きましょう。

すっきり
酸味系

ハワイ

派手好きなお坊っちゃま。軽い酸味。よくバニラやヘーゼルナッツの香りを振りまいている。

格付け1位

「EXTRA FUNCY」
豆の粒が大きい＋欠点豆が少ない

ほのかな酸味。余韻は南国のフルーツ。ハワイ島のコナ地区で作られる高級コーヒーです。世界的なブランドであり、人件費も高いので、100%コナはとにかく希少です。

ただコナのコーヒー豆を10%以上ブレンドすれば、他にどんな豆を混ぜても「コナ・ブレンド」と名乗ることができるので、これに「バニラ」や「マカダミアナッツ」で香り付けしたフレーバーコーヒーをよく見かけます。

主な生産処理

ウォッシュト　ナチュラル

主な焙煎度合

浅煎り　中煎り

ハワイのコーヒーといえば
ハワイ島コナ地区で作られる
コナコーヒー。
ハワイだーーー
もうほかに何もいらない
ハハハ
ALOHA
はっきりとした酸味があって味の余韻は南国のフルーツのよう。
パイナップル食べる?
100%コナはとても希少・高級で本当に美味しいものはなかなか出回りません。
え? もう帰るのか? もっといればいいのに……
じゃあ ちょっと待ってて
これ マカダミアナッツ! みやげだ!
また来いよ!!
バニラやマカダミアナッツのフレーバーをつけたコーヒーも有名です。

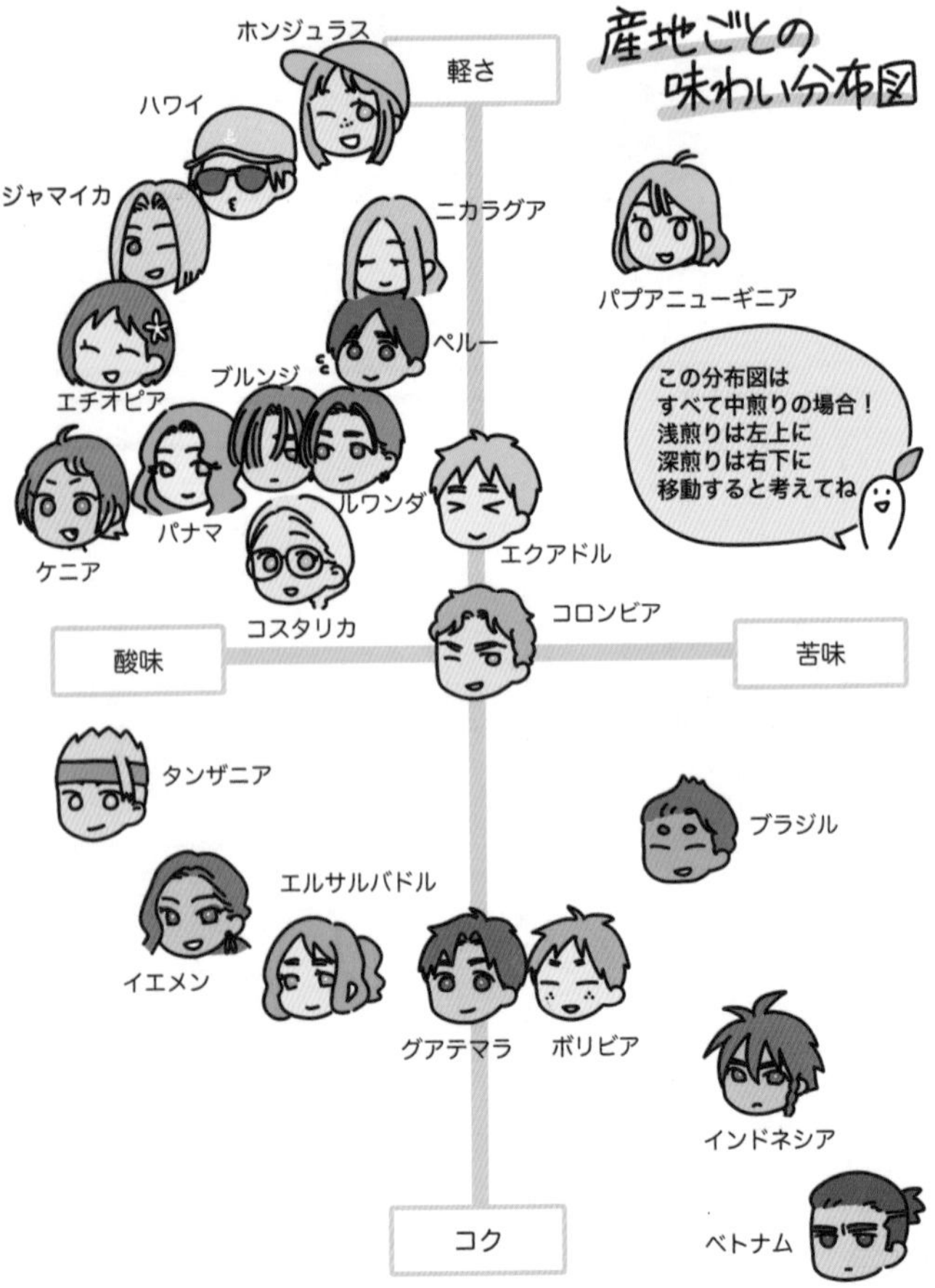
産地ごとの
味わい分布図
軽さ
酸味
苦味
コク
ホンジュラス
ハワイ
ジャマイカ
ニカラグア
パプアニューギニア
エチオピア
ペルー
ブルンジ
ルワンダ
パナマ
ケニア
エクアドル
コスタリカ
コロンビア
この分布図は
すべて中煎りの場合！
浅煎りは左上に
深煎りは右下に
移動すると考えてね
タンザニア
ブラジル
エルサルバドル
イエメン
グアテマラ
ボリビア
インドネシア
ベトナム

Point 「ストレート」がわかると「ブレンド」も選びやすくなる。

粕谷哲が選んだ定番ブレンド
フィロコフィア
012 RUDDER BLEND Medium
エチオピア
（中煎り）
コロンビア
（中煎り）
グアテマラ
（中煎り）
フィロコフィア
013 RUDDER BLEND Medium Dark
ケニア
（中深煎り）
ブラジル
（中深煎り）
ホンジュラス
（中深煎り）
フィロコフィア
014 RUDDER BLEND Dark
コロンビア
（深煎り）
ブラジル
（深煎り）
グアテマラ
（深煎り）

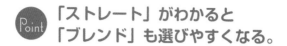

保存

preservation

3週間で飲みきれなかったら、冷凍庫に入れる。

豆を買ってきたら
専用のコーヒー保存袋に入れましょう。
ジッパー付き
バルブ
(ガス抜き)
アルミ袋
(遮光)
飲み頃は焙煎日から1〜3週間目
あたり
ぼんやり
風味や
香りが飛ぶ
早すぎ
遅すぎ
1カ月くらい経ってしまったら
冷凍庫で保管しましょう。
また増えた…
冷凍庫から出して使う時は
解凍せずそのまま使ってください。
お湯の
温度も
変えなくてOK
お安い豆や粉は劣化が早いので、すぐ冷凍してもいいかも買ってきたコーヒー豆は、**焙煎日から「1週間から3週間」くらいが飲み頃。**できればその間に飲みきっちゃってください。放っておくと豆は劣化していって、風味や香りがどんどん飛んでいくからです。

毎日飲む人であれば1袋なんて簡単に飲みきれるはずですが、楽しくなっていろいろ買い集めていると、古い豆をうっかり放置しがちなので注意しましょう。

コーヒー豆の敵は、空気と光と湿気です。中には「コーヒー豆はガラスのキャニスターに収納してる」という人もいて、それは非常にオシャレかと思いますが、空気も光も湿気も取り込むのでおすすめはできません。

コーヒー豆はできれば「ジッパー付き」の「アルミ袋（遮光できる）」で「バルブ（ガス抜き）」のついた保存袋にジャーッと移し替えて、空気を抜いて保管してほしいです。「ちゃんとしたコーヒー専門店」で豆を買うと、たいていはじめからそういう袋に入っていたりしますし、焙煎日も書かれていますが、そうじゃなければ保存袋を用意して、焙煎日をメモっておきましょう。

反対に焙煎日から1週間くらいまでは、焙煎によって発生した炭酸ガスが豆の内部に閉じ込められているため、コーヒーの成分を引き出しにくく、味がぼんやりしがちなのですが、「ちゃんとしたコーヒー専門店」では買ってすぐにおいしく飲めるよう、焙煎日から1週間くらいの「飲み頃」のものを売っていることもあります（だから「焙煎したてじゃない！」なんて怒らないで）。

そして焙煎後1ヵ月くらい経ったら冷凍庫で保管してもいいでしょう。もしくは最初から粉の状態にしているコーヒーや、コモディティ（大量生産系）コーヒーは劣化が早いので、すぐ冷凍しちゃってもいいかもしれません。

冷凍した粉を使うときは、解凍せずに使います。お湯の温度も変えません。

こうすると意外とおいしくなるので「あえて豆を冷凍させてから挽く」というプロの裏技もあります。

Point 1度に買うのは、2〜3週間で飲みきれる量にしよう。

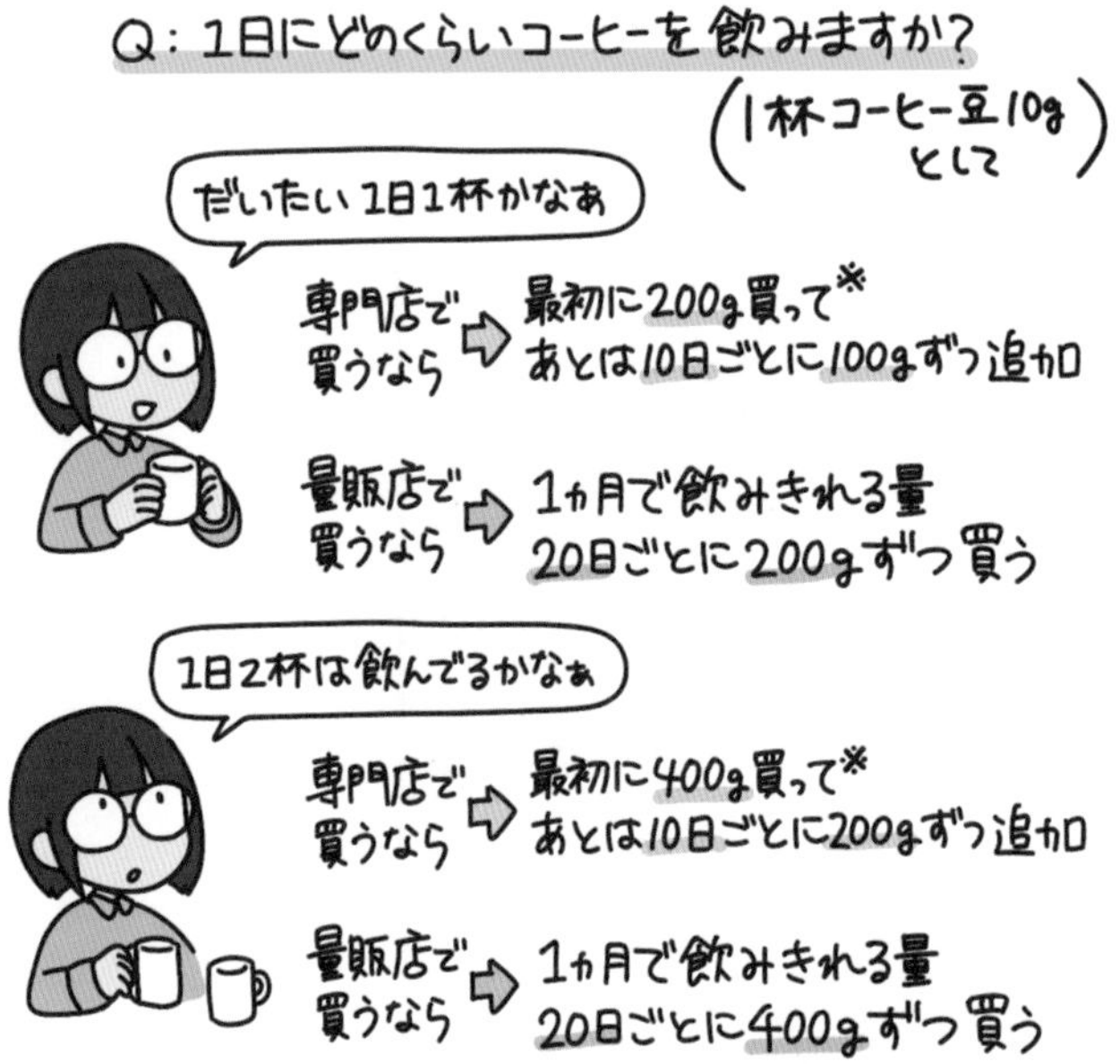
Q：1日にどのくらいコーヒーを飲みますか？
(1杯コーヒー豆10g として)
だいたい1日1杯かなぁ
専門店で買うなら ⇨ 最初に200g買って※ あとは10日ごとに100gずつ追加
量販店で買うなら ⇨ 1ヵ月で飲みきれる量 20日ごとに200gずつ買う
1日2杯は飲んでるかなぁ
専門店で買うなら ⇨ 最初に400g買って※ あとは10日ごとに200gずつ追加
量販店で買うなら ⇨ 1ヵ月で飲みきれる量 20日ごとに400gずつ買う

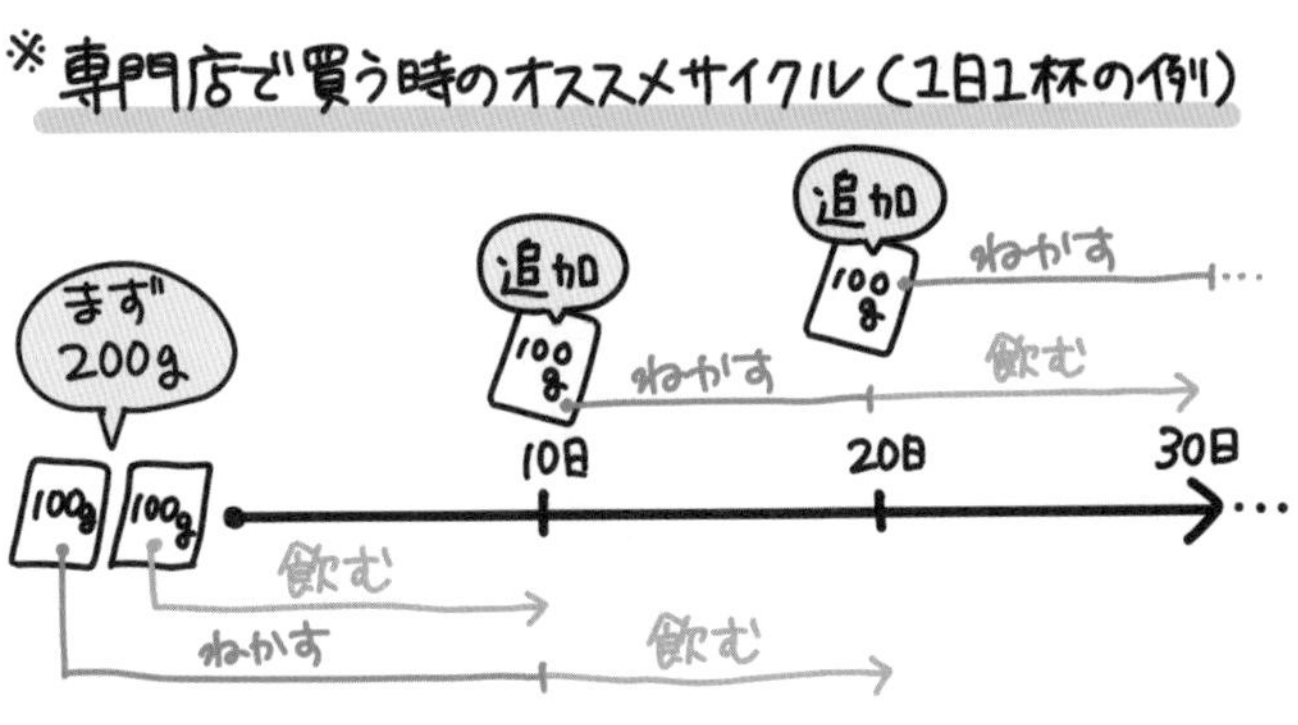
※専門店で買う時のオススメサイクル（1日1杯の例）
まず200g
100g
100g
飲む
ねかす
飲む
10日
20日
30日
追加
100g
ねかす
飲む
追加
100g
ねかす

味わう

taste

3回に分けて味わう。

おいしいコーヒーを飲むとき、どういう風に味わえばいいのでしょう。

がっちりとした味のコーヒーであれば、なにも考えずにゴクゴク飲んでも、いやおうなしに苦さ、甘さ、焦げっぽさなどを感じられます。

でも繊細な味わいを楽しむようなコーヒーは、自分から味を拾いにいって、それを言葉にすることによって、きちんと感じることができます。

まず匂いです。

カップに口をつけて傾け、コーヒーをすすろうとする直前に鼻に入ってくるもの。

おいしいコーヒーは、香りにどこまでも奥行きがあり、飲む前からもう「おいしい」です。

飲むときは、3回に分けて味わってみましょう。そして3回とも別のところに意識を向けます。

ひと口目は、全体の印象だけ。

味わい、香り、舌ざわりの集合体をまるごと受け入れて、全体的な印象をつかんで、それが軽いか、重いか、心地いいかどうかを確かめます。

2口目は、酸味だけ。

酸味だけを味わいます。高品質のコーヒーほどフルーティーなものが多いです。「酸っぱいのは苦手」という人が多いですが、ちょっと待って。よく味わってみて。ただ酸っぱいですか？　甘酸っぱくないですか？　フルーツのような甘さはないですか？　酸っぱさの先にある「甘さ」を見つけられたら、もうコーヒーの世界から抜け出せなくなります。見え方が一気に変わると思います。

3口目は、後味だけ。

また飲みたくなるような、気持ちいい余韻があるかどうか。

抽出不足だと後味が「ない」感じがして、反対に抽出過多だとえぐみや雑味が口の中に残ります。余韻がいつまでも続くような……って言われてもよくわからないと思いますが、飲み終えた後、口の中の状態が「気持ちいいか、気持ち悪いか」を確かめられたらオッケーです。

そして酸味を感じられたら、それはフルーツで言うところのブルーベリー（ベリー系）か、レモン（シトラス系）か、パイナップル（トロピカル系）か、桃やマンゴー（ストーンフルーツ系）か、ぶどう（ぶどう系）か、きっとどれかに当てはまるでしょう。

苦味を感じられたら、それがどういう苦味なのか言葉にしてみましょう。一般的に、ナッツっぽい、ココアっぽい、ダークチョコレートっぽい、といった苦味は「ポジティブな苦味」と言われ、タバコっぽい、炭っぽい、煙っぽいといった苦味は「ネガティブな苦味」と言われます。ただ逆にこのネガティブな苦味を好む人もいます。僕も油っこいものを食べた後、そういう煙臭い苦さのあるコーヒーを飲みたくなることがあります。

甘味を感じられたら、同じ甘味でもはちみつっぽい、メープルシロップっぽい、カラメルっぽい、ブラウンシュガーっぽいなど、コーヒーによって微妙に違ってきます。

他にも干し草っぽい、ワインっぽい、カビっぽい、オリーブオイルっぽい、コショウっぽい、石油っぽいなど、コーヒーの味はいろんな表現の仕方をされます。

ただ僕は基本的にどんなコーヒーも好きなので、正直言うと自分の好みのコーヒーがよくわかっていません。

口当たりがすっきりしていて（きれいで）、酸味と甘味がバランスよく強く感じられて、後味に透明感があるコーヒーであれば、だいたいなんでも好きです。結局「もうひと口飲みたい」「もう一杯飲みたい」と思えるかどうかなんですよね。

Point 他のことは考えず、
「口と鼻」に集中させよう。

味を言葉にしてみよう
花
果物
香辛料
発酵
ナッツ／チョコ
野菜
焦げ
SALT
その他

慣れてきたらほしい道具

サーバー

何杯分か淹れる機会があるなら、やっぱりほしいアイテムです。抽出量がわかる目盛りも役に立ちます。

おすすめ

ハリオ V60 レンジサーバー・クリア

取っ手が樹脂や木だったりすると、隙間に汚れがたまりやすくなるので、今からサーバーを買う人には断然「全部ガラスでできている」クリアサーバーをおすすめします。サイズは、ふだん一人でしか飲まないなら「01」、2杯以上淹れる機会があるなら「02」を選びましょう。

温度計

熱湯だと雑味が出てしまう。ぬるいと成分が抽出されにくい。ほどよく冷ましつつ、毎回一定の味を保つためにも、温度計があると便利です。どうしても面倒だったら、一度沸かしたお湯を、別のケトルに移し替えて温度を下げるという方法もあります。あるいは温度を自動調節できる電気ドリップケトルを買うという選択肢もあります。

おすすめ

タニタのスティック温度計

温度が反映されるまでに少し時間差がありますが使いやすいです。ダイソーなどでも 400 円くらいでキッチン温度計を買えます。

コーヒー用ドリップスケール

「ストップウォッチ（スマホ）」+「キッチンスケール」でも代用できますが「お湯の量」と「経過時間」を同時にはかれるドリップスケールがあれば、圧倒的な臨場感が生まれます（プロっぽい……という恍惚感も）。特に大きな違いは、お湯を注いだときの反応速度。高性能のものほどはやくなります。

おすすめ

タイムモアのブラック・ミラー　コーヒースケール

表示が見やすいし、見た目もコンパクトでおしゃれ。充電式なのもなにかと便利です。

グラインダー

おいしいコーヒーを淹れる一番のコツは、豆を挽いた粉の粗さをできるだけ均等にすること。でも安いグラインダー使ってしまうと、微粉と言われる小さすぎる粉や、大きすぎる粒の塊をたくさん出し、「雑味がすごく出る粉」を作ってしまいます。もし自分で豆を挽きたいけど、お金をなるべくかけたくないなら比較的安価で高性能な「タイムモアのＣ２」がおすすめです。

おすすめ

タイムモアのC2

挽き目もそろう。味の出方も悪くない。あと軽々挽ける。買っても後悔はしないと思います。

Point おいしく淹れるために、一番大事なのは粉の状態。

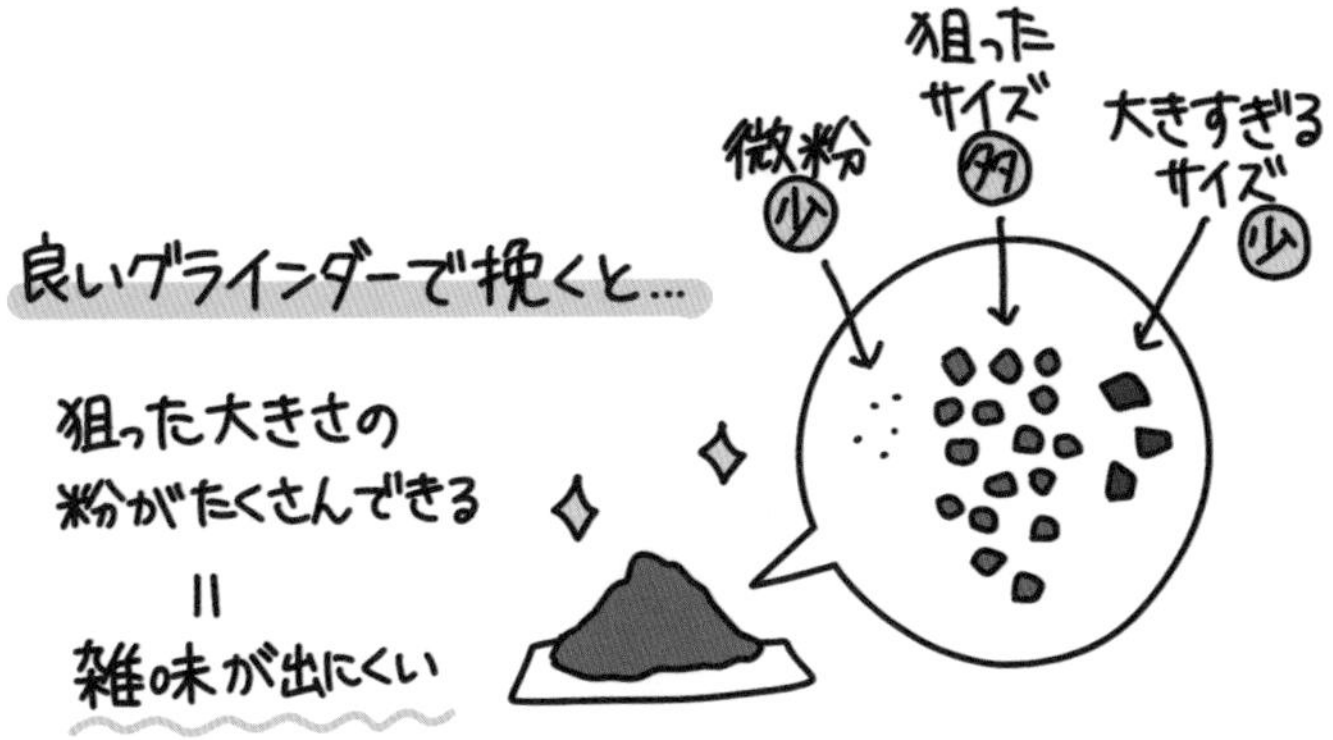
良いグラインダーで挽くと…
狙った大きさの
粉がたくさんできる
=
雑味が出にくい
微粉
少
狙った
サイズ
多
大きすぎる
サイズ
少

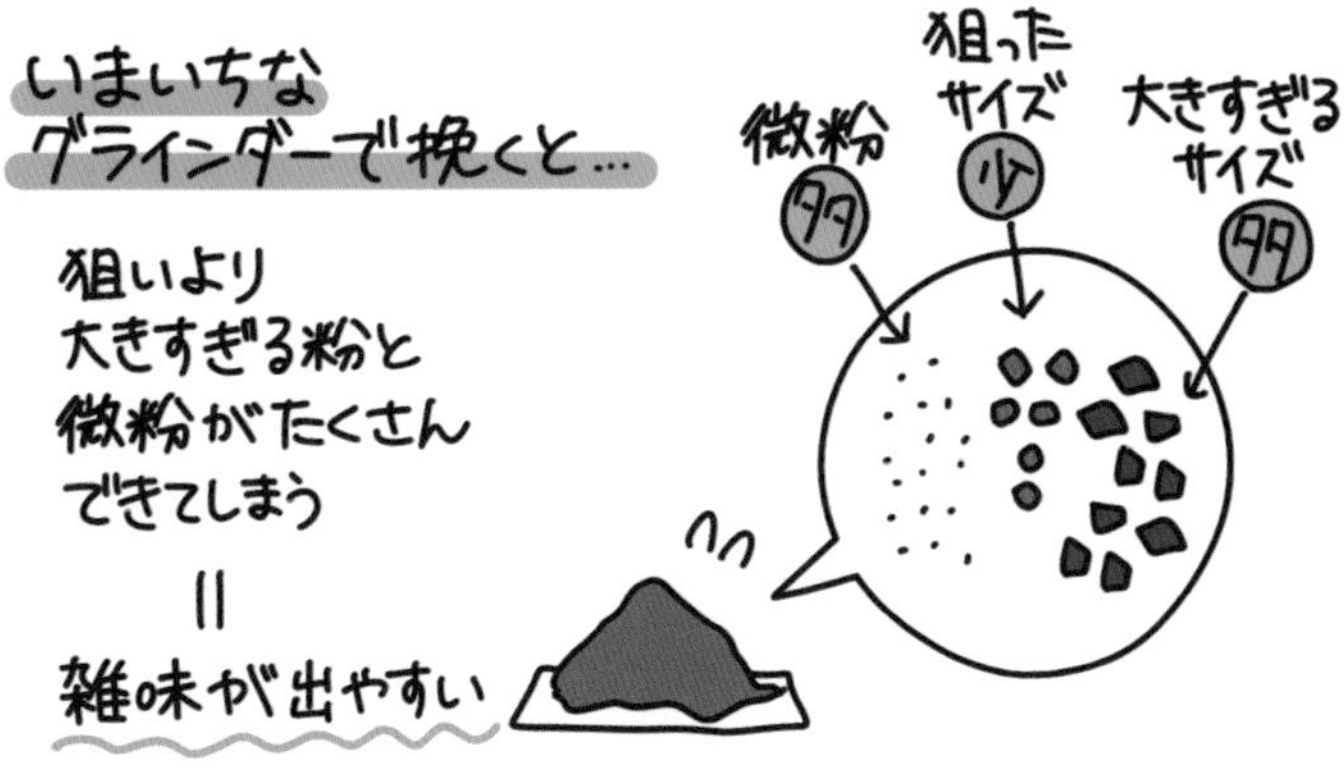
いまいちな
グラインダーで挽くと…
狙いより
大きすぎる粉と
微粉がたくさん
できてしまう
=
雑味が出やすい
微粉
多
狙った
サイズ
少
大きすぎる
サイズ
多

淹れ方③

【4：6メソッド】
間違いなくおいしくなる淹れ方

自分で淹れると、なんか味が安定しない。

それはそうでしょう。ハンドドリップのコーヒーは、基本的にどんな出来上がりになるか未知数。

昨日とまったく同じ淹れ方をしても、豆の状態や、お湯の注ぎ加減、注ぐタイミングなどの組み合わせによって、微妙に味が変わってくるからです。それはそれで楽しみもある。

でも偶然性に頼ることなく、いつも同じ味が出せたらいいのに。そう思う人のための方法があります。それが初心者でも、豆の良さを最大限に引き出せる「4：6メソッド」です。

技術もセンスもいらない。「丁寧に心をこめて」とか「豆の呼吸に合わせて」とか、そういう心がけもいりません。ただただ素直に淹れたら、最高のコーヒーが飲めるのです。

う〜ん…
うう〜ん…
ねえ コフィアさん… コーヒー淹れるのって 難しいね…
どうしたの 急に
私さ だいぶコーヒー淹れるの 上手くなってきたよね？
うん！ 間違いなく 成長したよ
何回も淹れてたら なんとな〜く わかった気に なっていたんだけど…

毎日淹れてるけど「上手くいく日」と「いまいちな日」があるの
うまくいった
イマイチ
そりゃさ 毎回感覚で淹れてるから運頼みになるのはわかってるんだけど・・・
カオル!
ほんとに成長したね!
そこに気づいてくれるの待ってたんだ!
ほんとかいな
そうか・・・ ついに「アレ」を伝授する日が来たんだね・・・

...3.14159265359
カオル・・・
君にボクのとっておきを
教える時が来たね
356789...
000...
1687
0110
...11010
010101...
010
「感覚」じゃなくて
「数字」でコントロールする
誰でも「豆から最高の味」を
引き出せるやり方さ！
「間違いなく
おいしくなる淹れ方」だよ
数字？
難しそう・・・
大丈夫かなあ
難しくはないけど
最初はちょっと
とっつきにくいかもね
どうする？
やってみるかい？
今の君なら
この力を
きっと使いこなせる！
・・・うん
教えてよ
コフィアさん
やってみるよ
ふふ

使うお湯は300グラムですがぴったりだと最後淹れにくいので、少し多めに沸かしておこう！

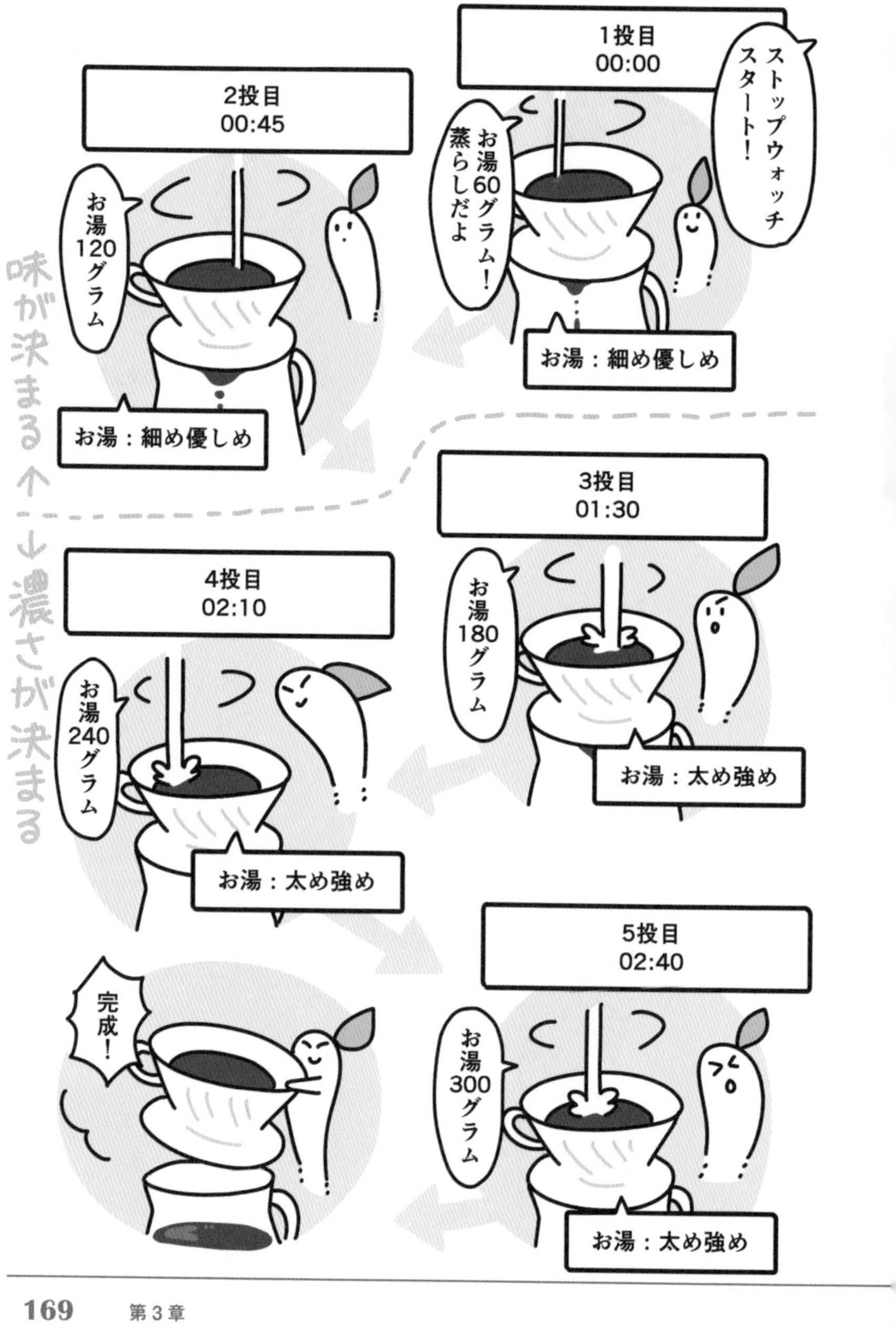
1投目
00:00
ストップウォッチスタート！
お湯60グラム！蒸らしだよ
お湯：細め優しめ
2投目
00:45
お湯120グラム
お湯：細め優しめ
味が決まる↑
↓濃さが決まる
3投目
01:30
お湯180グラム
お湯：太め強め
4投目
02:10
お湯240グラム
お湯：太め強め
5投目
02:40
お湯300グラム
お湯：太め強め
完成！

で…
おー
できた…
いただきます…
…！
ごくん
…！
おいしい…
透明感があって
複雑な感じもあって
これが
コーヒーの味…！
淹れるの
難しかった？
いや意外と
落ち着いて
やればできる！
私でも
こんなおいしい
コーヒー
淹れられるなんて…
すごい…

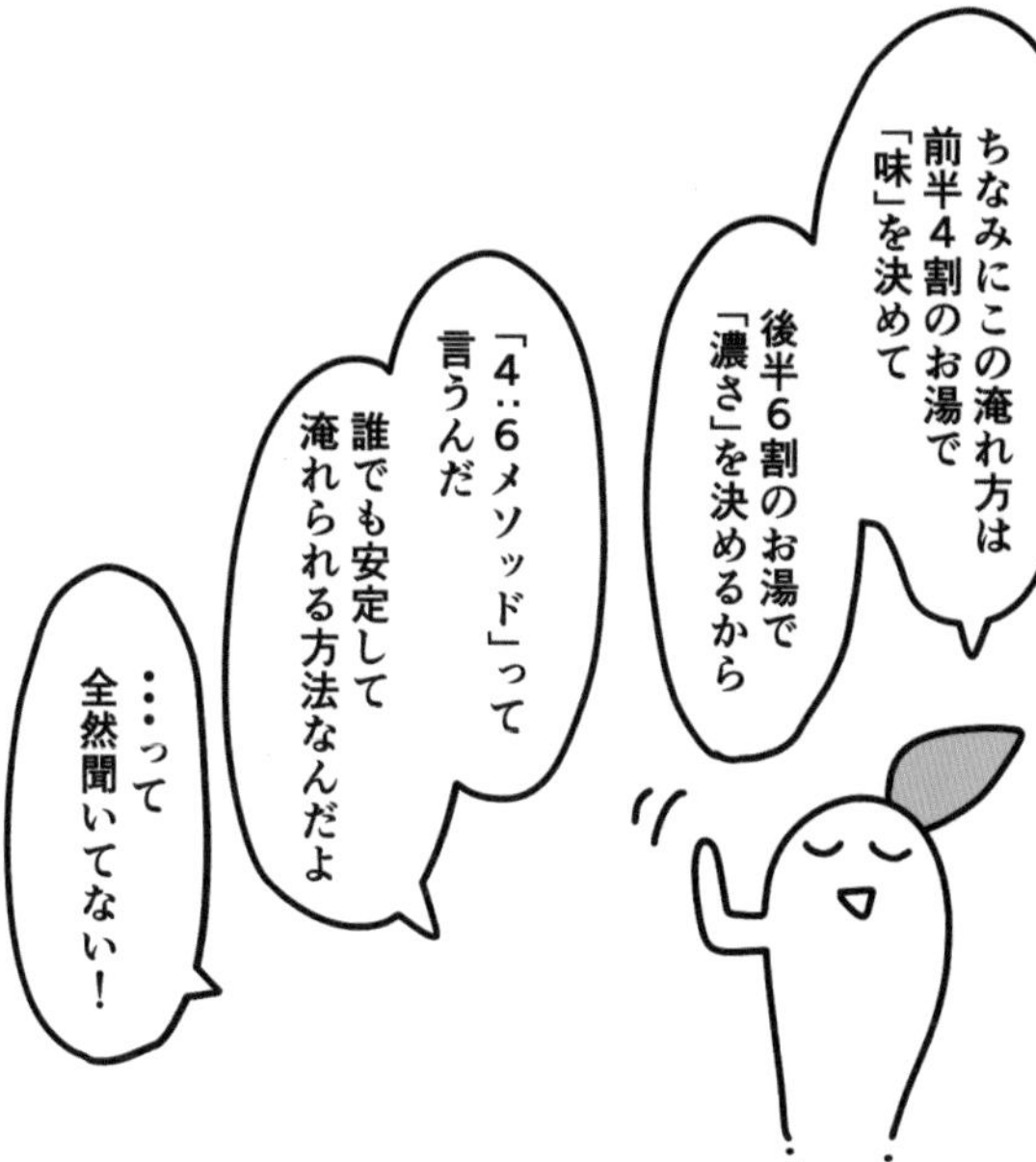
ちなみにこの淹れ方は
前半4割のお湯で
「味」を決めて
後半6割のお湯で
「濃さ」を決めるから
「4：6メソッド」って
言うんだ
誰でも安定して
淹れられる方法なんだよ
…って
全然聞いてない！

間違いなくおいしくなる淹れ方

まとめ

＜準備＞

・粉は20グラム使う。
・お湯の量は300グラム。２杯分。
・お湯の温度は浅煎りなら93度、中煎りなら88度、深煎りなら83度（「浅草、深い闇、中パッパ」と覚えよう）。

1投目　お湯を60グラムまで注ぐ。細めにやさしく。

…45秒経過したら

2投目　お湯を120グラムまで注ぐ。細めにやさしく。

…トータル1分30秒経過したら

⬆ここまでで「味」が決まる。⬇ここからは「濃さ」が決まる。

3投目　お湯を180グラムまで注ぐ。太めにやや勢いよく。

…トータル2分10秒経過したら

4投目　お湯を240グラムまで注ぐ。太めにやや勢いよく。

…トータル2分40秒経過したら

5投目　お湯を300グラムまで注ぐ。

お湯が落ちきったらドリッパーをはずして完成。

※3分半くらいでお湯が落ちきるとベスト。
※味と薄さの調節は次のようにする。
・フルーティにする…1 投目に 70 グラムまで注ぐ。
・甘めにする…1 投目に 50 グラムまで注ぐ。
・薄めにする…3 投目に 210 グラムまで、4 投目に 300 グラムまで注ぐ。
・アメリカンにする…3 投目に 300 グラムまで注ぐ。

淹れ方②

【急冷式】
スタバのアイスコーヒーの淹れ方

一番最初の「おいしいコーヒー体験」がスタバだという人は多いんじゃないでしょうか。
僕もスタバは大好きです。ちょっとした自慢なんですが、スタバのスペシャル店「スターバックス・リザーブ・ロースタリー」には、日本のお店はもちろんシアトル、上海、ミラノ、ニューヨーク……ほぼすべて訪れているくらい好き。
結局めぐりめぐって「スタバならではのど真ん中の味のコーヒー」って安心感あるんですよね。
特にスタバのアイスコーヒーは、けっこうビターで、ガツンときて、まさに真夏の暑い日に「アイスコーヒーが飲みたい！」と思ったときに、みんなが思い描く味の上質版だと思います。

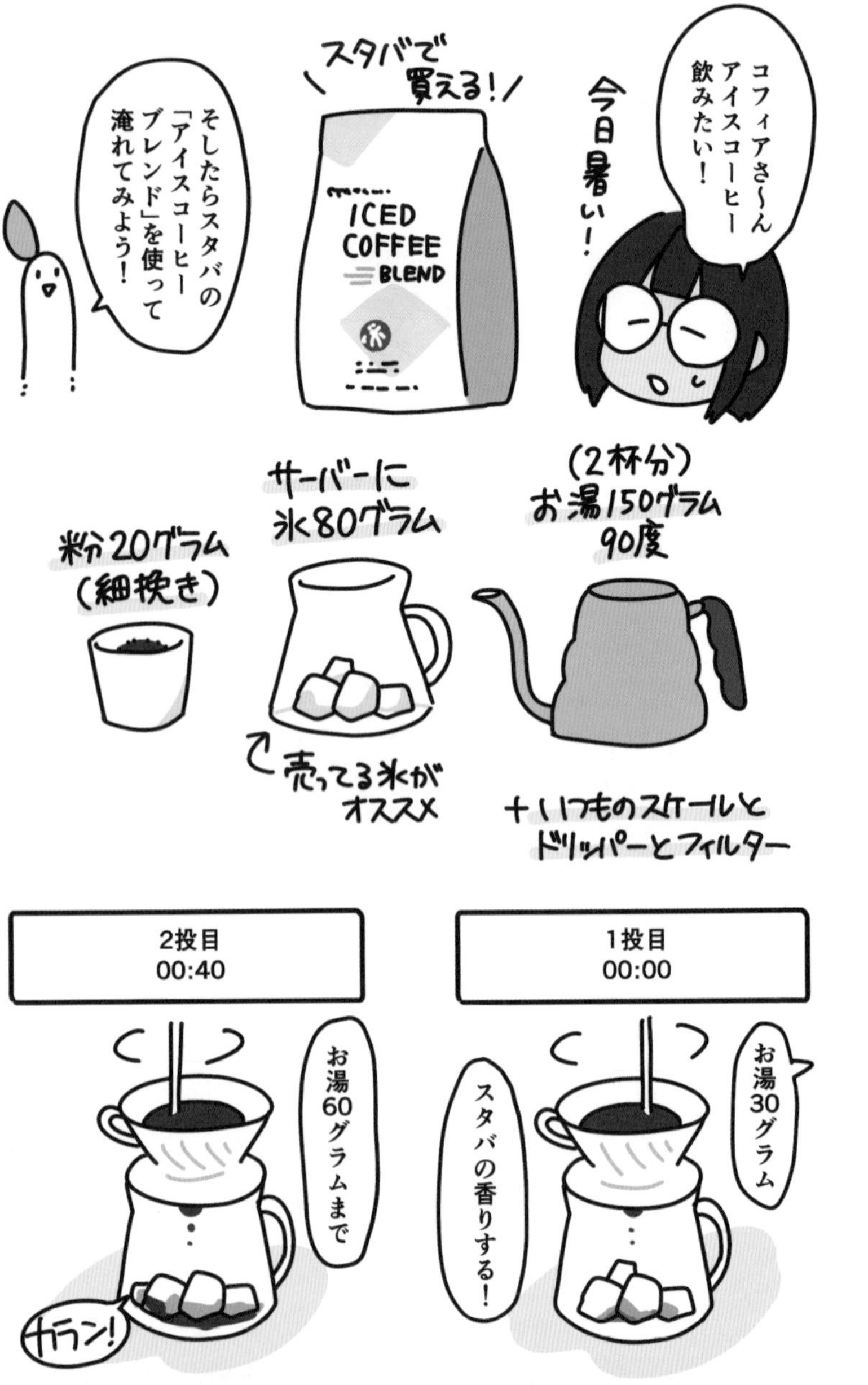
今日暑い！
コフィアさ〜ん
アイスコーヒー
飲みたい！
スタバで買える！
ICED COFFEE BLEND
そしたらスタバの
「アイスコーヒー
ブレンド」を使って
淹れてみよう！
（2杯分）
お湯150グラム
90度
＋いつものスケールと
ドリッパーとフィルター
サーバーに
氷80グラム
売ってる氷が
オススメ
粉20グラム
（細挽き）
1投目
00:00
お湯30グラム
スタバの香りする！
2投目
00:40
お湯60グラムまで
カラン！

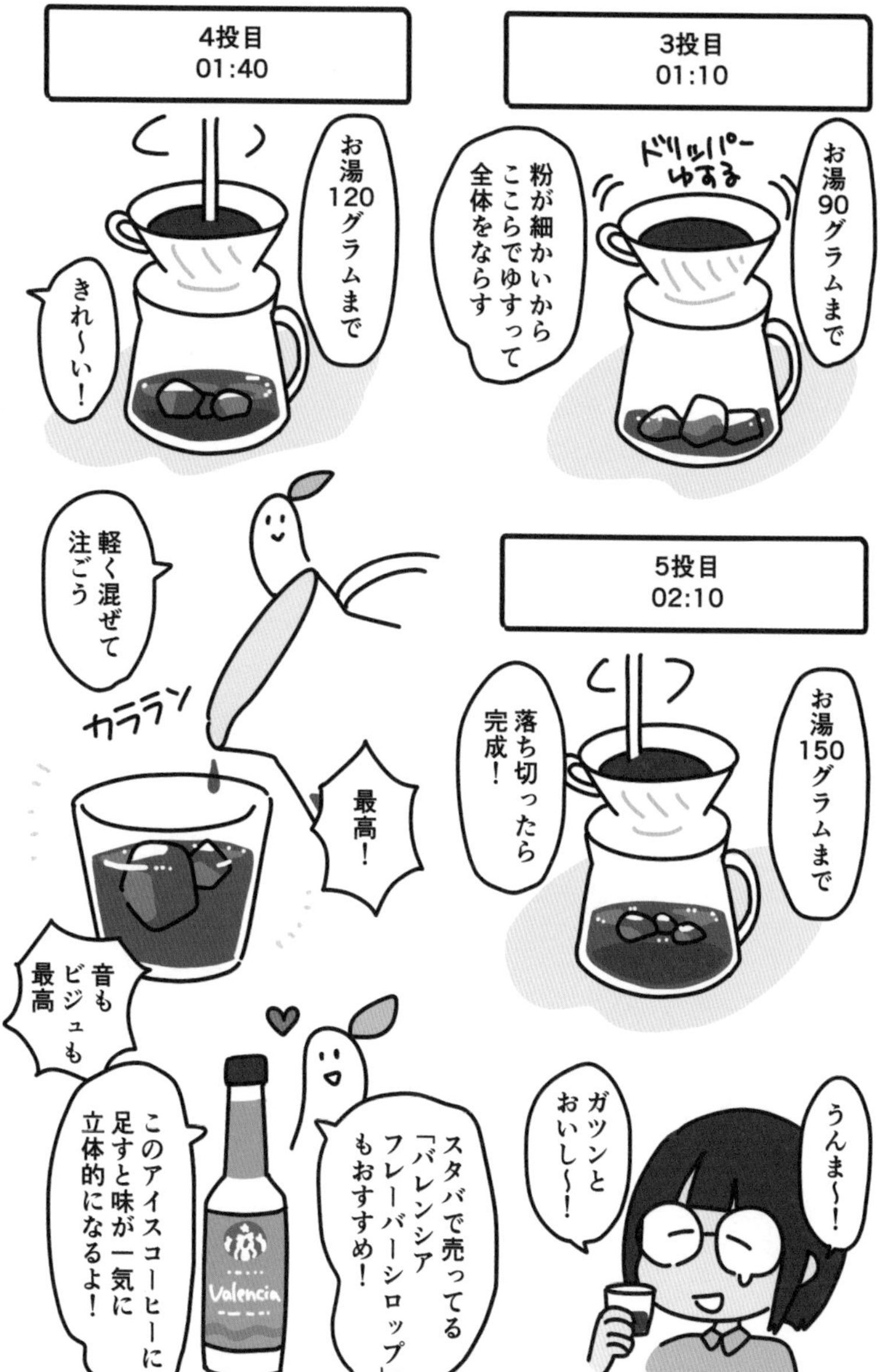

店内で飲む場合は、「アイスコーヒーにシトラス果肉追加で」と注文してみてね!

スタバのアイスコーヒーの淹れ方
まとめ

＜準備＞

・「スターバックス　アイスコーヒーブレンド」の粉を20グラム使う。
・サーバーに氷80グラムを入れる。
・お湯の量は150グラム。
・お湯の温度は90度。

1投目　お湯を30グラムまで注ぐ。しっかり行き渡らせる。

…40秒経過したら

2投目　お湯を60グラムまで注ぐ。氷が溶けていく。

…トータル1分10秒経過したら

3投目　お湯を90グラムまで注ぐ。ドリッパーを軽くゆらす。

…トータル1分40秒経過したら

4投目　お湯を120グラムまで注ぐ。

…トータル2分10秒経過したら

5投目　お湯を150グラムまで注いだら、完成。

サーバーを持って軽く円を描き、氷の音をカラカラいわせながら注ぎきる。

※他の豆で代用しても、もちろんおいしいです。

第4章

感動的においしいコーヒー

カオル！なにこれ〜！
なにってコーヒー豆
またこんなにたくさん買って！
へへ色々試してみたくなっちゃって…
初めて見る産地だとつい買っちゃうんだよね
どちゃあ…
んも〜冷凍庫パンパンだよ！
やばっ
…しっかしブレンドの意味も知らなかったカオルがね…
あっそうだそうだこのコーヒー豆なんだけど…
ごそ

この産地のところにさらに何か書いてあるんだよね・・・
ケニア
あら これは「シングルオリジン」って呼ばれている豆だね
ストレートとは違うの？
シングルオリジンは産地のさらにどこの農園で作ったかわかるようにしてあるんだ
他にも色々書いてあるでしょ？
生産処理
生産者の名称
標高まで
山
標高!?
それぞれの農園がこだわって作った豆だから他とは混ぜないで売ってるんだ
そいえば
こういうのもう一個買ったんだけど・・・これも色々書いてある

これなんか変わった名前だったから買ってみたんだよね
ぴら
おじいちゃんのノートにあるかな・・・
えーとパナマ・・・ゲイシャ?
ええ!?
うわぁ
カッ・・・
ぽん
あら・・・?私を呼んだのはコフィアじゃなくてあなたたね?
ごきげんよう私はパナマこの子はゲイシャよ
お会いできて嬉しいわ

は
はじめまして
すみません
なんか呼んじゃって
あら!
これ
この子だわ
だから呼んで
くれたのね
ゲイシャっていうのは
コーヒー豆の品種だよ
つーーん
ゲイシャは
他の国でも
育てられているけど
パナマのゲイシャっていったら
「世界一高級なコーヒー豆」って
呼ばれてるんだ
え
世界一…
つーん
少し
高めじゃなかった?
まあお高いけど
1杯換算450円なら
逆に安いのでは?
ゲイシャ
100g
¥4500
成長したね
カオル

シングルオリジン

single origin

ハマってきたら「シングルオリジン」を飲んでみる。

シングルオリジン(他と混ぜない豆)は
一般的に高価です
いろいろ混ぜてる
ひとつだけ
「混ぜない」豆ほど、ていねいに作られるからです
ブレンド (国同士で混ぜる)
ストレート (国内で混ぜる)
シングルオリジン (混ぜない)
質より量
量より質
高く売れるからていねいに作られているとも言えますね
このコーヒー豆…すごくうまいよ
品評会
買った
高くてもいいから売ってくれ
金ならある全部くれ
その豆だからこその価値があります
だから情報が詳しい豆ほど高品質の豆だと言えます
産地
焙煎
生産処理
品種
農園
標高
そんなことまで書くの!?

日常的に飲むコーヒーだったら、「コーヒー量販店の豆」や「輸入食料品とコーヒー豆のお店の豆」で十分かもしれません。

でも「未知のおいしさを味わってみたいかも」という好奇心が出てきたら、ぜひこだわりの「コーヒー専門店」に入ってみてほしいです。それは、**いわゆる「シングルオリジン」と言われるコーヒーを売っているようなお店**です。

シングルオリジンの豆の値段を見て、「高いなあ」と感じる人も多いでしょう。

僕もコーヒーの「本当の魅力」を知る前はそうでした。でも高いコーヒーには、やっぱり高いだけの理由があります。スーパーなどで売られるいわゆる「ブレンド」は、いくつかの国から「質より量」の豆をかき集めたものです。よくコーヒー店で売られている「季節のブレンド」にしたって、在庫処分したい豆を混ぜている可能性があります。

普通のストレートコーヒーにしたってそうです。シンプルに「ブラジル」とだけ書かれた豆は、ブラジル中の農園から集められた豆です。どこの農園の豆だっていいわけです。「重さ」がお金になるから、病気に強い「質より量」の豆を作りたくなりますよね。熟していないうちに収穫しちゃう人だって出てくる。

でも「シングルオリジン」は違います。

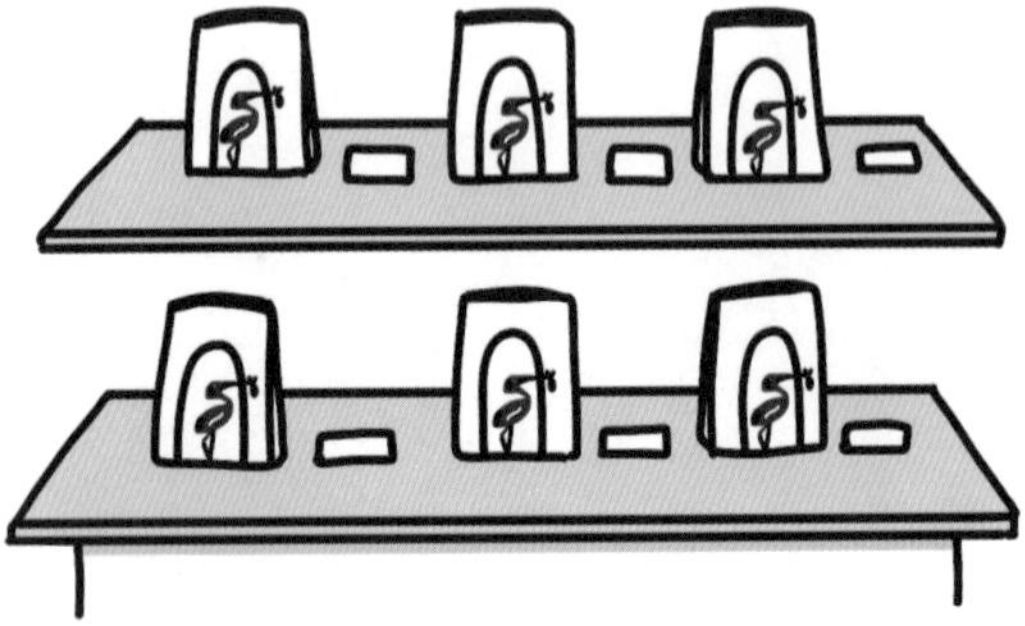

シングルオリジンは、手間ひまかけて「できるだけおいしい豆」をめざして作られた豆です。だから「ゲイシャ種」や「パカマラ種」といった、病気になりやすく、収穫量が少ないけど「特においしい品種」も思い切って栽培します。「その方が高く買い取ってもらえる可能性があるから」です。

そして**自分のところで丁寧に作った豆を、わざわざその他大勢の豆と「ブレンド」したりしません。**

このシングルオリジンは、1999年に「カップ・オブ・エクセレンス（COE）」のような品評会がはじまり「ここの農園のコーヒーがおいしい」と注目されるようになったことで、一般的になったものです。

「カップ・オブ・エクセレンス（ＣＯＥ）」はいわばコーヒーのアカデミー賞みたいなものので、ここには審査を通ったスペシャルティコーヒーが出品されます。

世界中から集まったコーヒーのプロたちがそれらの豆を味わい、点数や順位をつけていくのです。そして１００点満点中87点以上とると「ＣＯＥ○位」というロゴをつけて、販売していいことになっています。ここで注目された農園の豆は人気が出ます。そして人気が出ればその豆がとても高く売れるようになります。中でも「ＣＯＥ○位」と書かれたコーヒーは、プロが認めた高品質中の高品質の豆だと言えます。世界中のコーヒー屋さんたちがこぞってオークションに参加するので、手に入れられたらラッキーかもしれません。

同じような理由で、コーヒー大会で入賞した選手の「使用豆」の値段も、翌年から跳ね上がるということはよくあります。僕が優勝したときに使った90＋（ナインティプラス）という会社の豆は大会後にどんどん値段が上昇し、最終的にはアラブの貴族しか買えないような値段になりました。

そんなシングルオリジンは、単に「おいしい」というだけではなく、ひと口飲んだときの「味の数がはるかに多い」という印象があります。

そしてシングルオリジンの中でも、特に「おいしい基準」を超えたコーヒーのことを**「スペシャルティコーヒー」と呼びます。**世界に5％しかないと言われる貴重なコーヒーで、「農園・生産者レベル」まで特定されていて、流通で非常に厳しく管理された上に、「絶対のおいしさ」が保証されているわけです。もし訪れたカフェに「スペシャルティコーヒー」があったらぜひ試してみてほしいです。

「日常使いには高いな」と感じる人もいるかもしれませんが、**1杯あたり100円程度のコストで「ちょっとした贅沢」を味わえるんです。**そこまで悪くない気はしませんか？

一方で、ブルーマウンテンやハワイのコナ、またインドネシアのコピ・ルアク（ジャコウネコの糞コーヒー）のように「ブランド力があるから高い」というものもあります。これらはクオリティ以外の価値があるから高いとも言えますが……なんにせよコーヒーの味を知れば知るほど、「高い豆は高いなりの理由がある」ということがわかってきます。

Point スペシャルティの味わいは、
「おいしい」だけじゃなく「気持ちいい」。

シングルオリジン

農園、品種、
生産処理などが
特定できるもの。

スペシャルティコーヒー

シングルオリジンの
中でも味わいが
格別なもの。

スペシャルティコーヒーと認められる味
（日本スペシャルティコーヒー協会より）

1. クリーンな味わい
2. 甘さを感じられる
3. 印象的で好ましい酸味がある
4. 口に含んだ質感がいい
5. 特徴的な風味がある
6. 心地いい後味
7. バランスがいい

ちなみにスペシャルティ同士で
ブレンドすることもあるよ！

生産処理

process

作り方（生産処理）の違いを楽しむ。

ここまでの説明で「焙煎度」と「産地」についてはだいたいわかったはず。

ただコーヒー専門店で売られている「シングルオリジン」のパッケージを見ると、高確率で「生産処理（あるいは「精製」や「プロセス」とも呼ぶ）」という文字を見かけます。

生産処理とはなんでしょうか。

字面だけだとなんか難しそうですが、ざっくり言えば、**摘んできたコーヒーチェリーを、「生豆」にするまでの加工のやり方です。**

それがかなり味に影響してくるので、シングルオリジンのコーヒーには「どういう生産処理をしているか？」が書かれています。

この生産処理には、大きく分けると「ナチュラル」と「ウォッシュト」があります。

「ナチュラル」は、コーヒーの実を天日で乾燥させた後、たねを取り出したもの。**元の個性がさらにドレスアップされた味になります。**

「ウォッシュト」は、コーヒーの果肉を取り除き、水に漬けて「粘液」を取り除いた後、乾燥させて、たねを取り出したもの。**よりライトでカジュアルな味になります。**

また「セミウォッシュト」と言われるやり方もあり、「ウォッシュト」の過程のうち「粘液」をあえて残すもので、**ドレスアップされているけど安定した味になります。**「ハニープロセス（主にコスタリカ）」、あるいは「パルプドナチュラル（主にブラジル）」など産地によって呼び方も変わります。

変わった生産処理としては「アナエロビック」という、密閉タンクで発酵させるやり方があります。これはなんとも言えない複雑でユニークな味わいになります。めずらしいものなので見かけたらぜひ飲んでみてほしいです。

「えー、生産処理なんてわざわざ覚えたくない」という人もいるかもしれませんが、一度この言葉を覚えてからコーヒー店に行くと、けっこう「生産処理」がパッケージに書かれていることに気づき、驚くと思います。

どうでもいいですがお店で「やっぱエチオピアのウォッシュトがおいしいんだよな」なんて呟けるようになったらかっこよくないですか。「お詳しいですね」「いやそれほどでも」とか言って。

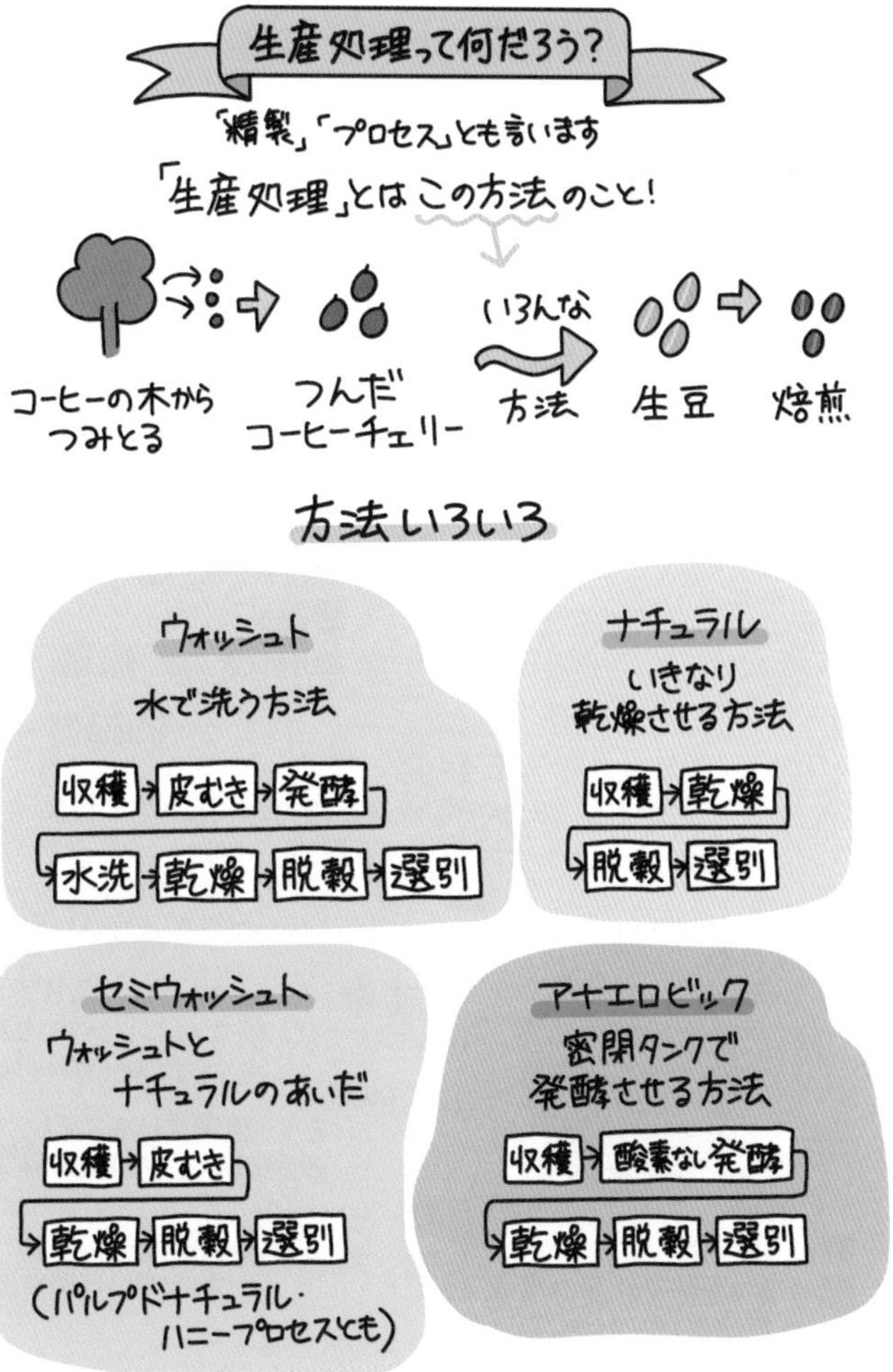
生産処理って何だろう?
「精製」「プロセス」とも言います
「生産処理」とはこの方法のこと!
コーヒーの木からつみとる
つんだコーヒーチェリー
いろんな
方法
生豆
焙煎
方法いろいろ
ウォッシュト
水で洗う方法
収穫
皮むき
発酵
水洗
乾燥
脱穀
選別
ナチュラル
いきなり乾燥させる方法
収穫
乾燥
脱穀
選別
セミウォッシュト
ウォッシュトとナチュラルのあいだ
収穫
皮むき
乾燥
脱穀
選別
(パルプドナチュラル・ハニープロセスとも)
アナエロビック
密閉タンクで発酵させる方法
収穫
酸素なし発酵
乾燥
脱穀
選別

「ナチュラル」をざっくりイメージでとらえると…
ベリーとか
◇はなやか・ドレスアップ
◇個性がきわだつ
◇フルーティー
◇赤や紫
なイメージ。
「ナチュラル」の生産処理
輸出業者
農家さん
エクスポーター
あつい
熟れたコーヒーチェリー
そのまま1カ月くらい天日干し
果肉を取りのぞき
脱穀
生豆
Point!
実をそのまま干すので
果肉の風味がぎゅっと残ってフルーティーになるよ
これがコーヒーチェリーだ
生豆…大体2つ入っているぞ！
1つのやつは「ピーベリー」レアだ！
粘液（ミューシレージ）…ネバネバしているぞ！
残すのがハニープロセス
洗ってなくすのがウォッシュトだ！
パーチメント…もう一枚薄皮があるぞ！
脱穀するまでこの状態で保管する。
外皮
熟れるにつれ
緑→黄→完熟すると赤に変化するぞ！
まれに黄色やピンクにもなるものも。
果肉…ほとんどない。
うす甘だがスペシャルティだと
すごく甘い！（糖度20%）

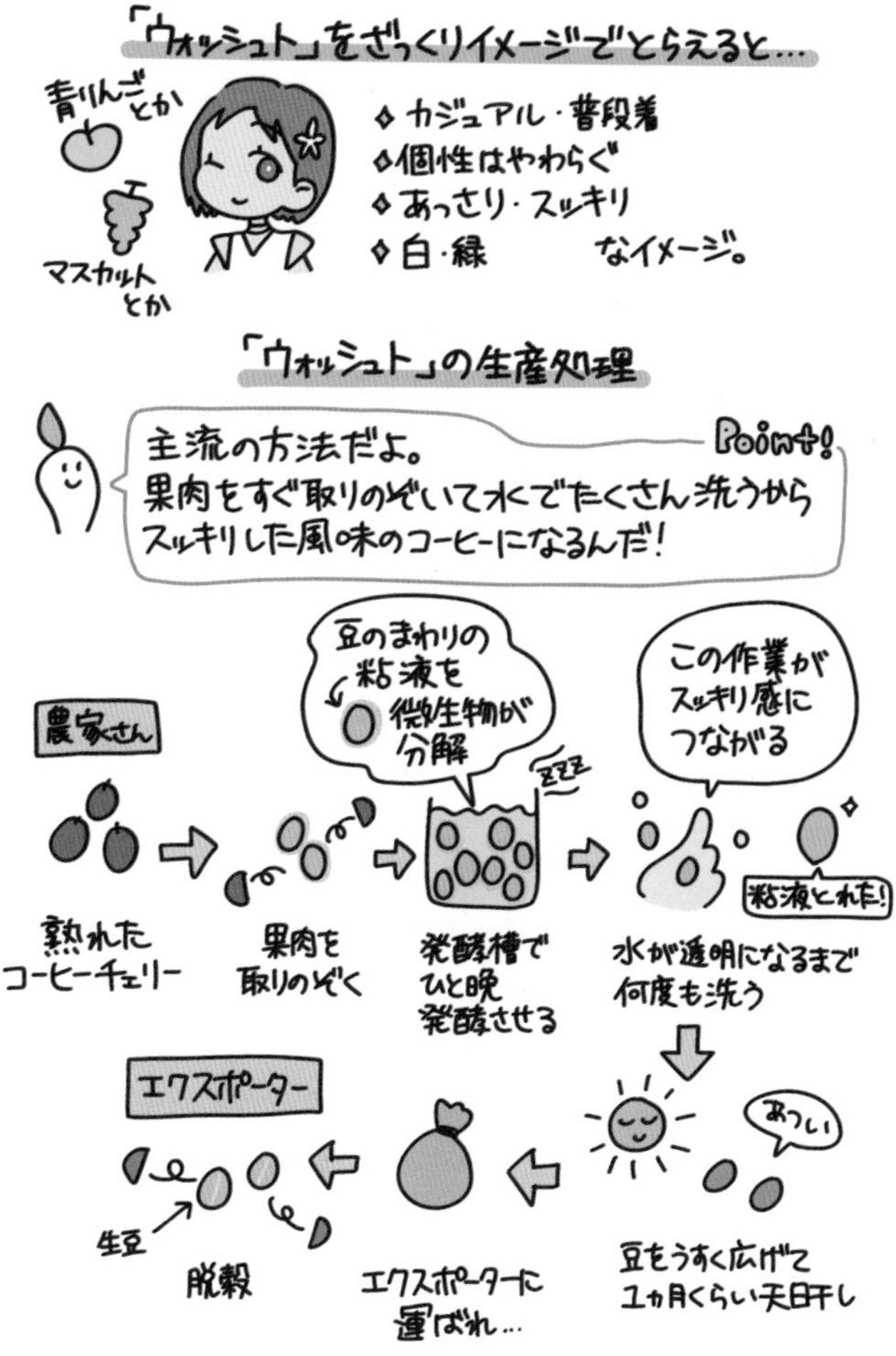

「ウォッシュト」をざっくりイメージでとらえると…
青りんごとか
マスカットとか
◇カジュアル・普段着
◇個性はやわらぐ
◇あっさり・スッキリ
◇白・緑
なイメージ。
「ウォッシュト」の生産処理
Point!
主流の方法だよ。
果肉をすぐ取りのぞいて水でたくさん洗うから
スッキリした風味のコーヒーになるんだ！
農家さん
熟れたコーヒーチェリー
果肉を取りのぞく
豆のまわりの粘液を微生物が分解
zzz
発酵槽でひと晩発酵させる
この作業がスッキリ感につながる
粘液とれた！
水が透明になるまで何度も洗う
あついー
豆をうすく広げて1ヵ月くらい天日干し
エクスポーターに運ばれ…
エクスポーター
脱穀
生豆

Point 工程がわかっていると、もっとおいしさを感じられる。

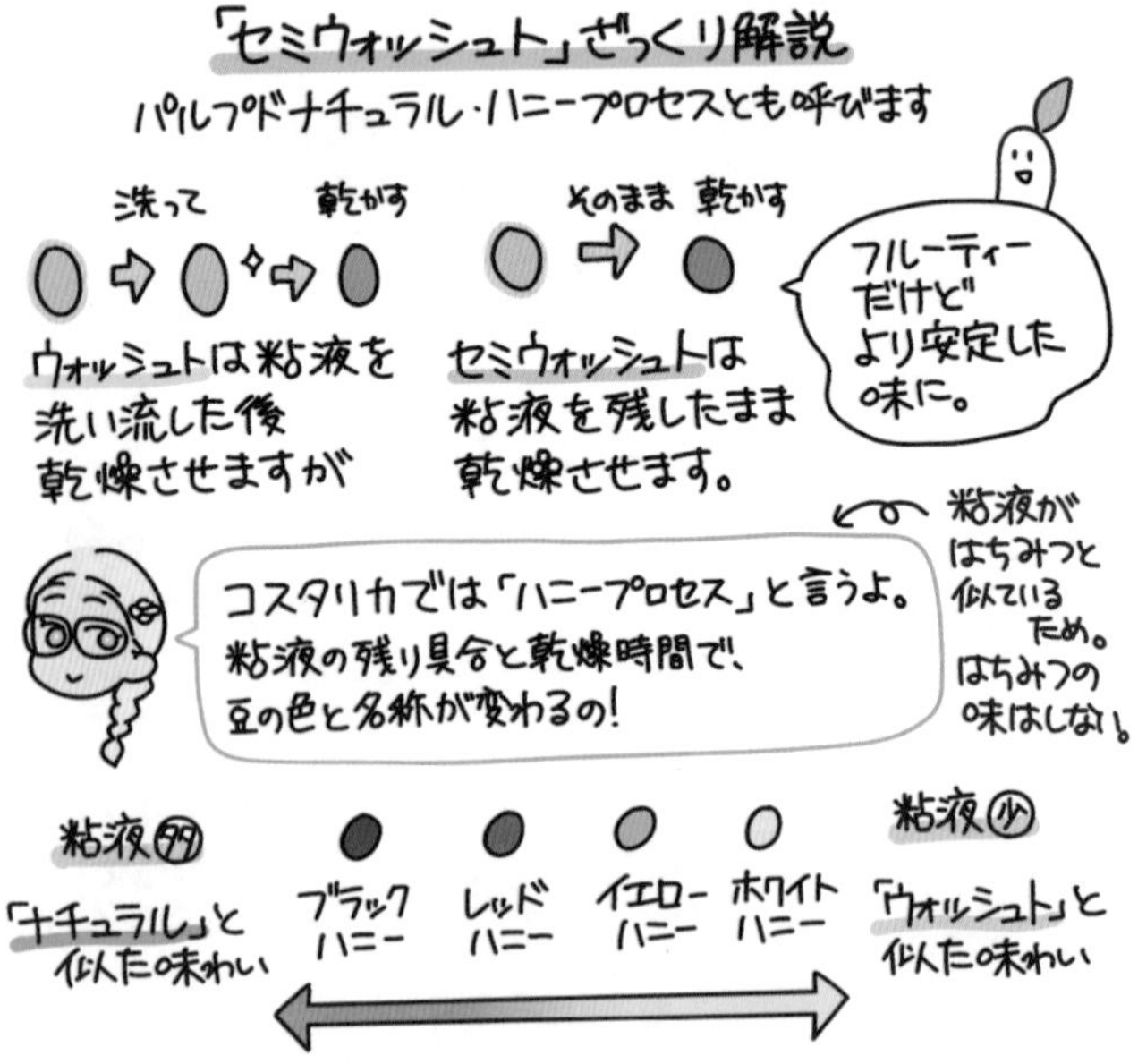

「セミウォッシュト」ざっくり解説
パルプドナチュラル・ハニープロセスとも呼びます
洗って
乾かす
そのまま 乾かす
フルーティーだけどより安定した味に。
ウォッシュトは粘液を洗い流した後乾燥させますが
セミウォッシュトは粘液を残したまま乾燥させます。
粘液がはちみつと似ているため。はちみつの味はしない。
コスタリカでは「ハニープロセス」と言うよ。粘液の残り具合と乾燥時間で、豆の色と名称が変わるの！
粘液(多)
ブラックハニー
レッドハニー
イエローハニー
ホワイトハニー
粘液(少)
「ナチュラル」と似た味わい
「ウォッシュト」と似た味わい

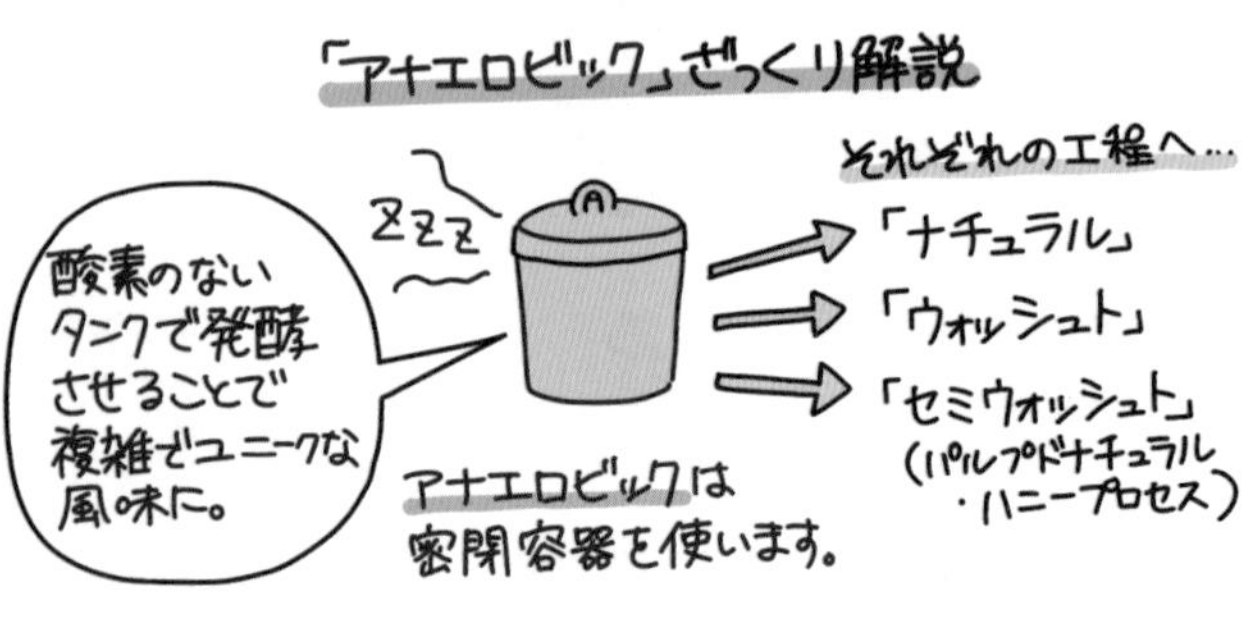

「アナエロビック」ざっくり解説
それぞれの工程へ…
「ナチュラル」
「ウォッシュト」
「セミウォッシュト」（パルプドナチュラル・ハニープロセス）
酸素のないタンクで発酵させることで複雑でユニークな風味に。
アナエロビックは密閉容器を使います。

品種

varieties

品種を見てテンションを上げる。

いちごのあまおうやとちおとめのように
コーヒー豆にも品種があります
ブルボンは甘みが強く、
人懐こい品種
ゲイシャは複雑で繊細な
プライド高い品種
これが「品種」とわかるだけでも
楽しくなってきます。
カトゥーラ
軽くてやわらか甘い
SL28・SL34・ルイル11
ジューシー

コーヒー専門店で売られている「シングルオリジン」のパッケージには、さらに高確率で、使われている「品種」が書かれています。

いちごでいう「あまおう」「とちおとめ」のように、ワインぶどうの「シャルドネ」「カベルネ・ソーヴィニヨン」のように、コーヒー豆にも「品種」があるのです。

はるか昔、コーヒーの木はアフリカのエチオピアにありました。

そしてそのコーヒーの木は、「アラビカ種」と「カネフォラ種」に分かれていました。

「カネフォラ種」の品種はほとんど「ロブスタ種」になった一方で、「アラビカ種」はさらにたくさんの品種に分かれていきました。

そんなコーヒーの木に生った実から豆を取り出して、生豆のまま、乾燥させて、お湯で煮詰めて飲んでいたそうです。

眠気は吹っ飛ぶわ、テンションも上がるわで、コーヒーはどんどんアラビアの民に浸透して、徹夜でお祈りをするときなどに飲まれていたと言われています。

その習慣がヨーロッパにわたり、今度は焙煎して飲むようになった。すると「コーヒーの味ってうまいね。大々的に栽培しようよ」と、フランスのルイ14世が王立植物園で大切に保管していた「アラビカ種」の苗木を中南米に持っていき、コーヒーの栽培を大々的にはじめました。それが「ティピカ」という品種でした。

その「ティピカ」をいろんな場所で育てていったら、アフリカの島で「すごい甘さがある」ティピカの突然変異種が見つかりました。それが「ブルボン」という品種でした。

ブルボンがおいしいから、あちこちでブルボンを育てはじめます。

そうしたら今度はブラジルで、突然変異で「味がしっかりしていて、余韻がある」品種ができました。それが「カトゥーラ」という品種でした。

さらに1900年前半、世界中でサビ病というコーヒーの病気が流行ったとき、ケニアで「病気に強い」「おいしい」など特徴のある品種の研究がはじまりました。そのサンプルナンバーの28番めと34番めの品種が、乾燥に強いだけではなく、ベリー系のジューシーな味になりました。それが「SL28」「SL34」という品種でした。
※スコット・ラボラトリーの頭文字からとっています。
こうして「ティピカ」「ブルボン」「カトゥーラ」「SL28」「SL34」といったメジャー品種が生まれ、後にいろんな品種が生み出されていくのですが、**同じ産地でも、これらのうち「どの品種が使われているか」によって味が変わります。**

No.01

ティピカ

すべてはこの品種からはじまった

すべてのアラビカ種のルーツとも言える重要品種。「レモンが入っているの?」と錯覚するほど、さわやかな甘味と酸味があって、はなやかで繊細な味わい。ティピカは病気に弱いため、今は「100%ティピカ」はほぼ存在しないと言われています。僕が過去に飲んできたティピカも、本当にティピカだったのか自信がありません。

見かける産地／ブラジル、ペルー、ボリビア、コロンビア、パプアニューギニア、ジャマイカなど

No.02

ブルボン

ティピカと並ぶ2大アラビカ種

ティピカの突然変異種。フランスからレユニオン島に持ち込まれたのがはじまり。甘く、トロピカルな香りがして質が良く、人気があり、個人的にも好きな品種です。ただ病気がちで、あまり収穫できません。最近では突然変異種の「ピンクブルボン」が超おいしいということで話題になっています。

見かける産地／ブラジル、コロンビア、エクアドル、グアテマラ、エルサルバドルなど

No.03

カトゥーラ

甘味で愛されるブルボンの進化形

ブルボンの突然変異種。「カツーラ」とも呼ばれます。口当たりがやさしく、甘味が続き、後味は軽やかな酸味。とにかく甘さのボリュームが特徴的。発見されたのはブラジルですが気候と風土が合わず、他の産地の主要品種になっています。甘さがさらに際立つ「イエローカトゥーラ」にも出会ってほしいです。

見かける産地／コスタリカ、グアテマラ、コロンビア、ホンジュラス、中南米全般

No.04

SL28／SL34／ルイル11

研究所生まれの気高き3兄弟

ブルボンの突然変異種。いずれもラズベリー、カシスなどジューシーな酸味が特徴です。SL34 はよりボディ感の豊かなフレーバー。ルイル 11 はティモール・ハイブリッド（半分ロブスタ種）の子孫で、これ単体で出回ることはなく、必ず SL28、SL34 と一緒にいて、僕は個人的に「ケニア3兄弟」と呼んでいます。

見かける産地／ケニア、コスタリカ（SL28 と SL34 のみ、まれに）

No.05

ゲイシャ

名実ともに世界一のラグジュアリー

エチオピアの在来種。「ゲシャ」と呼ばれることも。超フルーティーな風味と、繊細で複雑な香りがあります。いわゆるボディ感がとても軽く、「アイスティーみたいだ」という人もいます。高級だし、希少だし、プロの誰もが認めるおいしさです。ちなみに「芸者」とは一切関係なく、エチオピアのゲシャ村で発見されたからこの名前になりました。

見かける産地／エチオピア、パナマ、コロンビアなど

No.06

パカマラ

大物品種を親に持つ超エリート

エルサルバドルの国立研究所生まれ。口当たりが良く、甘味が強く、トロピカルなフレーバーがあって人気があります。パーカスとマラゴジッペの交雑種なんですが、パーカスはブルボンの変異種、マラゴジッペはティピカの変異種なので、僕からするとまるでベジータのような超エリート。推し品種の一つです。

見かける産地／エルサルバドル、グアテマラなど

No.07

エチオピア原種

野生のまま育てられた伝統品種

花のような香りがあって、すっきりと繊細で上品な味わいです。エチオピアに自生している「野生のコーヒーの木」です。一つひとつの識別が困難なので、エチオピア品種の総称として「エチオピア原種」あるいは「エアルーム(Heirloom)」と呼ばれています。数千以上の種類があるとも言われ、味に複雑性をもたらしています。

主な産地／エチオピア

No.08

カトゥアイ

強さとやさしさを兼ね備えた農家の人気者

病気に弱いカトゥーラと、病気に強いムンドノーボの交配種。「カツアイ」とも呼ばれます。たくさん育つのが特徴です。軽い口あたりで飲みやすく、良くも悪くも「ごく普通」の味わいだと言われています。ただ個人的には、品種の個性が弱いからこそ、地域特性（テロワール）や農家の工夫を感じられる、楽しい品種だと思ってます。

主な産地／ブラジル、中米全般

No.09

カティモール

病気に強くて、たくましいがんばり屋

カトゥーラ（アラビカ種）とティモール・ハイブリッド（半分ロブスタ種）を交配させたハイブリッド品種。味の良いカトゥーラの健闘も感じられますが、ロブスタ種由来の口当たりの悪さ、苦さ、えぐみがあります。ただカティモールのように病気に強く、生産性の高い品種があるおかげで、安いコーヒーが飲めています。

主な産地／インドネシア、ラオス、ベトナム、タイなどアジア中心

No.10

シドラ

ゲイシャに匹敵する実力の持ち主

レッドブルボンとティピカの交配種。希少品種です。シドラはりんご酒（シードル）の意味で、どっしりとした口当たりながら、リンゴのような甘さと心地よい酸味があります。かなりおいしい。実は発祥が不明、というか人によって言ってることがバラバラな、ちょっとミステリアスな品種でもあります。出会えたらラッキーです。

主な産地／エクアドル、コロンビアなど

No.11

ジャバ

モカ・ジャバは世界最古のブレンド

エチオピア生まれの品種。ゲイシャに少し似ていて、酸味は少ないけどワイン的なフルーティーさがあり、ジャワ島では「ジャバ」、ニカラグアでは「ジャバニカ」と呼ばれます（ただジャワ島の主な品種はロブスタ種）。ちなみにモカ・ジャバとは「エチオピアとジャワ島の豆のブレンド」あるいは「チョコレートやココア入りのコーヒー」のことです。

主な産地／ニカラグア、インドネシアなど

No.12

ムンドノーボ

ブラジルを支えるバランス品種

ブルボンとティピカの交配種。「新世界」という意味の、ブラジルの代表品種です。ナッツ感があって、味はしっかりしていますが、個人的には「ちょっと重たいかも」という印象があります。両親が優秀なのだから、ブラジル以外の標高の高い土地で育てられたらもっとおいしくなるのかも…？　と想像したりして。

主な産地／ブラジル

コーヒーにハマったら①

advanced level①

職人みたいに淹れてみる。

一度でも「自分史上最高」のコーヒーを淹れることに成功すると、もっとおいしくすることはできないか、もっとコーヒーのためにできることはないか、と変態的になってくるものです。そうなってしまった人のために、ストイックなヒントをお伝えします。

1、ひたすら匂いを嗅ぐ。

豆を挽く前、挽いた後、そして1投目。いちいち匂いを嗅ぎましょう。なんにもわからなくてもいいです。ひたすら嗅げば嗅ぐほど、コーヒーが今どういう状態か、どんな味になるのか、自然にわかってくるようになります。

2、欠点豆を「ハンドピック」する。

「小さすぎる豆」「色が薄すぎる豆」「色が濃すぎる豆」「カタチが割れて貝殻みたいな豆」は欠点豆といいます。この欠点豆を取り除くほど、味は良くなります。白いバットかお皿に豆をバラバラ出して、欠点豆をつまんでは、よけていきましょう。

3、薄皮を飛ばす。

コーヒー豆の薄皮＝チャフ。これが渋み、えぐみになります。だから粉にした後、手の上に広げて、息を吹きかけたり、カメラのエアーポンプを使ったりして、チャフを吹き飛ばしましょう。職人っぽくてかっこいいです。ちなみにお店の業務用の電動ミルで挽いてもらうと、チャフは自動的に取り除かれていたりします。

4、粉の量によって「挽き方」を変える。

1杯ではなく、2杯も3杯も一度に淹れたいとなると、1回に使う粉の量が10グラム、20グラム、30グラムと増えてきますが、そうするとお湯の比率は同じでも味がだんだん濃くなってきます。粉の量が多くなったら、その分「粗挽き」にしましょう。

5、あえて濃く淹れて「アメリカーノ」にする。

好みの濃さを知るためにあえて濃く淹れてみる。濃く出すぎてしまったら、お湯で割ればいいんです。それを「バイパス」といいます。まったく問題ありません。イタリアンコーヒーは、わざわざエスプレッソをお湯で割ってアメリカーノにするくらいですから。「超濃く淹れて、お湯で薄める」は、どんな豆もおいしくする魔法なんです。

6、「おいしさ」を機械で測定する。

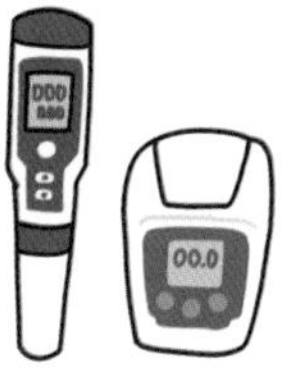

水質測定器（TDS計）あるいは糖度計（BRIX計）という機械を使うと、コーヒーの濃度が測れます。おいしくできたときに、いずれかの機械で測って、その数字を記録しておくのです。おいしいと言われるコーヒーの濃度は、水質測定器だと「1・15〜1・35％」、糖度計だと「1・6〜1・7％」くらいだとされています。ここまでやる人はプロでもないかぎりあまりいないと思いますが、「私はコーヒーの味のためにわざわざ水質測定器を使っている」と考えたら、気分が高まるはず。

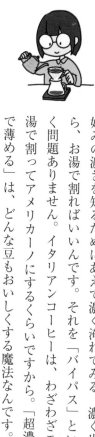

Point 余計な手間をかけるほど、
なぜかおいしく感じられる。

コーヒーにハマったら②

advanced level②

時代によって
コーヒーの楽しみ方は変わってきました
昔のコーヒー
飲み物としての
コーヒーを楽しむ
目覚めの一杯は
最高だな
今のコーヒー
深煎り・カフェラテなど
コーヒーの味を楽しむ
コーヒー
おいしいかも
新しいコーヒー
シングルオリジンの
コーヒー本来の味を楽しむ
コーヒーって
こんな複雑な味
だったっけ!?
ひとつにこだわらず
いろんな飲み方・淹れ方を
楽しんでほしいです!

あえて楽しく淹れてみる。

温め直して煮詰まったオフィスのコーヒー。お湯かなと思うほど味が薄かったお店のコーヒー。

昭和生まれの人と話すと、「昔はコーヒーってあんまりおいしくなかったよ」という話をよく聞きます。

コーヒーっていつの間に、「おいしい」のが普通になったんでしょうか。

まず戦後、インスタント&缶コーヒーの登場によって、コーヒーという飲み物が一気に広まりました（ファーストウエーブ）。それと同時に「コーヒーをドリップする」という文化も日本に入ってきました。

ところが今思えば、昭和から平成にかけて、日本に入ってきていたコーヒー豆はほとんど質の低い豆だったと言えます。

しかもできるだけコストを下げるために、全体のかさが減りにくい「浅煎り」の豆を、超細かく挽いて淹れたコーヒーを、何度も温め直しながら飲んでいたわけです。

そんなコーヒーだったわけですから、ここまでこの本を読んだ方ならおわかりでしょう。**「おいしいコーヒーの逆」とも言えるコーヒーに、日本人は長年「コーヒー」として親しんでいたのです。**

そこへもって、アメリカのシアトルを中心にカフェラテやカプチーノなど、エスプレッソを牛乳やお湯などで割ったコーヒーが飲まれるようになり、「深煎りの豆ってうまいなあ」という認識が広まりました。

その流れでスタバなどが世界進出すると、それが2回めのコーヒーブーム（セカンドウエーブ）につながりました。

日本でもドトールを皮切りに、おいしい深煎りのコーヒーが流行り、コーヒーのクオリティは全体的に上がったわけです。

でも大手チェーンのコーヒー店というのは基本的に、たくさんの農家から大量に豆を買って、混ぜてクオリティを安定させる、というやり方をします。

それは一定の水準までおいしくなるけど、突き抜けたおいしさではないよね。**小規模の農家が作り出すコーヒーは千差万別だよ。その中には「とんでもなくおいしいヤツ」があるんだよ。**そういうコーヒーを楽しんでみない？　というような提案を、アメリカの西海岸のブルーボトルコーヒーやスタンプタウンコーヒーなどがしはじめたら、3回めのコーヒーブーム（サードウエーブ）がやってきました。

おかげで「ブラジルのコーヒーだ」と言って喜んでいた時代から、ブラジルの、この農園の、この品種の、この生産処理のコーヒーを飲もう、と選べる時代に変わってきたのです。

そんなコーヒーを自宅で一番おいしく淹れる方法は、僕はやっぱりハンドドリップだと思っています。

そしてこんなにもお店や自宅で、ハンドドリップで淹れる国は日本くらいのものでしょう。それは日本人としては誇らしいことでもあります。より良い道具を揃えて、ひたむきに試行錯誤をくり返し、最高の味を追求していくのは素敵なことです。

ただ、コーヒーはそもそもリラックスするためのもの。ああしなきゃダメだ、もっとこうしなきゃと絞り込んでいくよりも、**もっといろんなコーヒーが広まればいいな、たくさん選択肢があった方が楽しいなと思っているんです。**

というわけで、ここからは僕の人生を楽しくしている、面白いコーヒーの淹れ方を紹介します。

Point コーヒーの正解はまだ誰も知らない。だからなんでも試してみよう。

チーズケーキ
×アイスラテ
相性最強！
プリン
×深煎りコーヒー
お互いのカラメルっぽさがマッチ
生ハム
×アイスラテ
生ハムの塩気がラテの甘さを引き立てる！
バターチキンカレー
×ホットラテ
甘めカレーがほろにがラテですっきり！
梅干しおにぎり
×スッキリ系ホットコーヒー
梅の酸味がコーヒーの後味を昇華↑
ようかん
×深煎りネルドリップ
ねっとりした甘さをこってりした苦みで洗い流す！

ハマってきたらほしい道具

グラインダー

このレベルまできたらいよいよ「グラインダー」を買ってもいいかもしれません。コーヒーにとってなにより大事な道具はグラインダー。「教わったとおり淹れてるけど、なかなかおいしくならない」という人は、ちゃんとしたグラインダーに切り替えたらきっと見違えると思います。「悪いグラインダーで良い豆を挽く」より「良いグラインダーで普通の豆を挽く」方が断然おいしくなるのです。

おすすめ

ウィルファ・コーヒーグラインダー

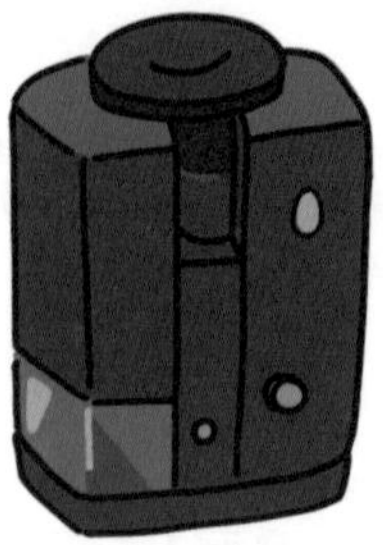

忙しくて、なかなか手挽きをする余裕がなければおすすめ。ときどきプロも使います。3万円くらい。自宅に置いておきたくなる北欧デザイン。

コマンダンテ

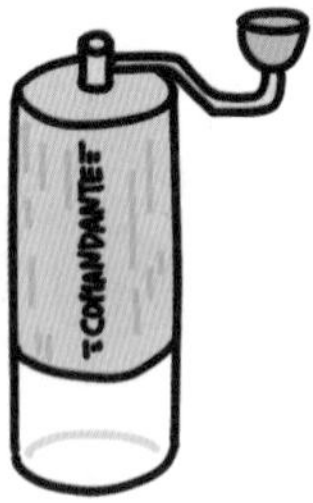

4万～5万円します。でも世界で一番良いグラインダーです。これさえ買えば、あなたの人生において、グラインダーについてはもう「あがり」です。多くのプロが使います。

温度調整付き電気式ドリップケトル

「細口で注げるケトル」であればなんでもいいのですが、お湯の温度を細かく管理できるケトルはやっぱり便利です。

おすすめ

ハリオ

世界中のカフェで使われているスタンダードモデル。

ブリューイスタ

プロのバリスタが使う憧れのケトル。

バルミューダ

温度調整機能はないけどすぐに沸くし、デザインもいいし、価格もそこそこなので個人的にはおすすめ。沸かしたお湯をサーバーに移してケトルにまた戻すと、92〜93度くらいになっていると思います。

新しいコーヒーカップ

カップの形と縁の厚さによって、口当たりや、コーヒーを口に含んだときの味わいがけっこう変わります。

縁が薄い＝口当たりがすっきりと、繊細な味わいをキャッチしやすくなる。

縁が厚い＝口当たりがまろやかに、甘味を強く感じやすくなる。

底から口までまっすぐ＝勢いよく入ってくるので酸味を感じやすくなる。

底から口まですぼまっている＝カップ内にたまる香りを感じやすくなる。

フレンチプレス・エアロプレス

フレンチプレスはコーヒーの「オイル成分」も「雑味」も一緒に抽出する道具。粉をお湯に浸すだけだから「簡単」だし「安定した同じ味」になります。
重めのとろっとしたコーヒーを飲みたいときに。
一方、エアロプレスも同じく「簡単」で「安定して同じ味」になりますが、「おいしい成分だけを抽出できる」という点が大きく違います。

ネルもしくはステンレスドリッパー

こちらも「重めのとろっとしたコーヒー」を飲みたいとき用。コーヒーの「オイル成分」も「雑味」も一緒に抽出します。ネルドリップは安価だけどメンテナンスが面倒。ステンレスドリッパーは高価だけどメンテナンスが比較的楽。フレンチプレスでも代用できるけど、自分で淹れてる感を出すためにはやっぱりこっち。

スイッチ式ドリッパー

スイッチを開けるとお湯が抜けて透過式（お湯を注いでエキスを引き出す）になり、閉じればお湯が抜けず浸漬式（粉をお湯に浸してエキスを引き出す）にできる、一台2役のドリッパー。ハリオのスイッチがおすすめです。

淹れ方⑤

【悪魔のスイッチ式】楽だしめちゃくちゃうまい淹れ方

シングルオリジンほどのおいしい豆を使うのであれば、できれば「間違いなくおいしくなる淹れ方（4：6メソッド）」で淹れてほしいと思います。
でも、苦味や濃さの調節とかどうでもいい。忙しい毎日の中でコーヒーを淹れるんだから、もっと簡単に、間違いなく、おいしく淹れたい。そういう人もいると思います。そんな都合のいい淹れ方なんてあるのでしょうか。ありました。本当に抽出のことを考え抜いた結果、「これでいいんじゃない？」という淹れ方を見つけたのです。それが前半に良い成分を一気に引き出し、後半は温度を下げたお湯で雑味を出さないように浸す、「ハリオのスイッチ」を使った淹れ方です。
ここまでまろやかな口当たり、すっきりした後味は、他の淹れ方じゃ出せませんよ。

コフィアさ〜ん
も少し簡単な
淹れ方ってないの?
毎日のことだからさー
一度知ったら
戻れないけどいい?
「ハリオのスイッチ」を
使ってみようか
スイッチ
↑上げると閉じる
↓下げると開く
ハリオのスイッチ
お湯280グラム
90度
粉20グラム
(中挽き)
少し良い豆
(100グラム
700円以上のが
オススメ)
+いつものスケールとサーバー
フィルター
1投目(スイッチ開)
00:00
お湯60グラム
開
実験みたいで
かっこいい!
2投目(スイッチ開)
00:30
お湯120グラムまで
開

ここでポイント！お湯の温度を下げるよ！
水
大体70度
水を少し足して70度くらいに下げよう後半に出やすい雑味を抑えるよ！
大体でいいからね
3投目（スイッチ閉じる！）
01:15
お湯（70度）を280グラムまで一気に注ぐ！
閉じる
スイッチを開ける！
01:45
開ける
ジョロ〜
お湯が落ち切ったら完成〜！おつかれ〜！
……
うますぎる…
………！
こんなカンタンでいいの…!?
口当たりまろやかなのに後味すっきり…
前半で良い成分を一気に出して後半はなるべく雑味を出さないように浸すのがミソ！

楽だしめちゃくちゃうまい淹れ方

まとめ

＜準備＞

・「ハリオのスイッチ」を用意する。
・粉を20グラム使う。ちょっと粗めに挽く。
・お湯の量は280グラム。お湯の量は少なめ。
・お湯の温度は90度。
・ちょっと高級な豆（100グラム700円以上のコーヒーがおすすめ）。
・最初はスイッチを開けておく。

1投目　お湯を60グラムまで注ぐ。

…30秒経過したら

2投目　お湯を120グラムまで注ぐ。
その直後、ケトルに水を適当に足して、70度くらいに下げる。

…トータル1分15秒経過したら

スイッチを閉じる。

3投目　お湯を280グラムまで一気に注ぐ。

…トータル1分45秒経過したら

スイッチを開ける。

ジョロジョローッと、全部お湯が落ちきったら完成。

※3分ぐらいでお湯が落ちきるとベスト。3分以上経っても落ちきらなかったら、早めに終わらせる。

【純喫茶式】
「深煎り最強！」の淹れ方

とろっとした舌触り、ガツンとした飲み心地。
昭和のこだわり喫茶店の濃厚な味わい。「深煎りの豆」をどっしり味わいたかったら、やっぱり「ネルドリップ」が一番だと思います。僕はネルドリップが大好きなんです。ネルドリップを淹れる所作がその道何十年という職人みたいでかっこいいし、そもそもネルドリップという言葉の響きが渋い。
同じような味わいを、もっと簡単に楽しみたかったら「フレンチプレス」もありです。
粉が容器に残るので洗うときが若干面倒くさいですが、「ふたを押し込んでほとんど放置」でいいから、すごく楽な淹れ方だと言えます。

チョコケーキ買ってきたよ！
コーヒー淹れよう！
食べたかったんだー
やった～！そしたら「ネル」を使ってみようか？
やっぱりケーキにはどっしり濃厚コーヒーじゃない？
お湯150グラム 90度くらい
＋いつものサーバーかマグカップ
ネル 湯通しする
粉20グラム（中細挽き）
深煎りor中深煎り
1投目
ネルに湯通ししてから粉入れてスタンバイ！
カッコイイ…
お湯を大体3分の1くらいまで注ぐ
少し蒸らそう。時間は適当。

2投目
お湯をもう3分の1くらいまで注ぐ
本当に適当でいいからね！
3投目
お湯を全部注ぐ。
落ち切ったら完成～！
ん～！とろっとした感じで飲みごたえあるね～！
ナポリタンとかもすごく合いそう！
しかしずいぶん大雑把な淹れ方だよね
感覚的と言ってよ！ネルは気楽に楽しく淹れるのが吉！
ネルって簡単に淹れられておすすめだけど後片付けと管理がちょっと大変・・・
洗ってから
水をはったタッパーに浸して冷蔵保存
ビニール袋に入れて冷凍保存
味が似てるよ！
面倒な人はステンレスドリッパーやフレンチプレスを使ってみて！

「深煎り最強!」の淹れ方

まとめ

<準備>

・粉を20グラム使う。できれば中細挽きのもの。
・お湯の量は150グラム。温度は90度くらい。

1投目　お湯をだいたい3分の1くらい
（50グラムくらい）注ぐ。適当でいい。

…少し蒸らす。時間は適当。

2投目　お湯をもう3分の1くらい注ぐ。

…適当に少し待つ。

3投目　お湯を全部（150グラム）注ぐ。

お湯が落ちきったら完成。

※好みの濃さに合わせて、お湯で割って飲もう。

フレンチプレス

<準備>

・粉を16グラム使う。できれば粗挽きのもの。
・お湯の量は280グラム。カップ2杯分くらい。
・お湯の温度は熱めの96度。

1投目　お湯を100グラムまで注ぐ。

…30秒経過したら

2投目　お湯を280グラムまで注いで、ふたをする。

…トータル4分経過したら完成。

※好みの濃さに合わせて、お湯で割って飲もう。

淹れ方⑦

【エアロ式】
どんなコーヒー豆でもおいしくする淹れ方

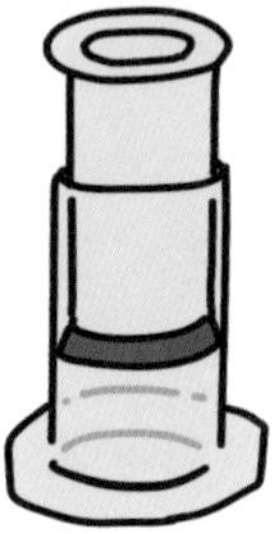

短時間、簡単、安定して同じ味になる。

それを手軽に実現するのが「エアロプレス」という道具です。

エアロプレスを使って、おいしい成分だけを取り出すことで、高級な豆を使わなくても、それに負けない味のコーヒーを淹れられます。実際、僕はこのエアロプレスと、1キロ1200円くらいのケニアの豆を使ってコーヒーの日本チャンピオンになりました。

世界大会でも「どんな豆が出るかわからない課題」があるのですが、どんな豆もおいしく淹れられるから、多くのトップバリスタがこのエアロプレスを使います。

余った豆を集めて、ぜひこの淹れ方してみて。まじやばいから。正直そのへんのお店で飲むコーヒーよりはるかにおいしくなりますよ。

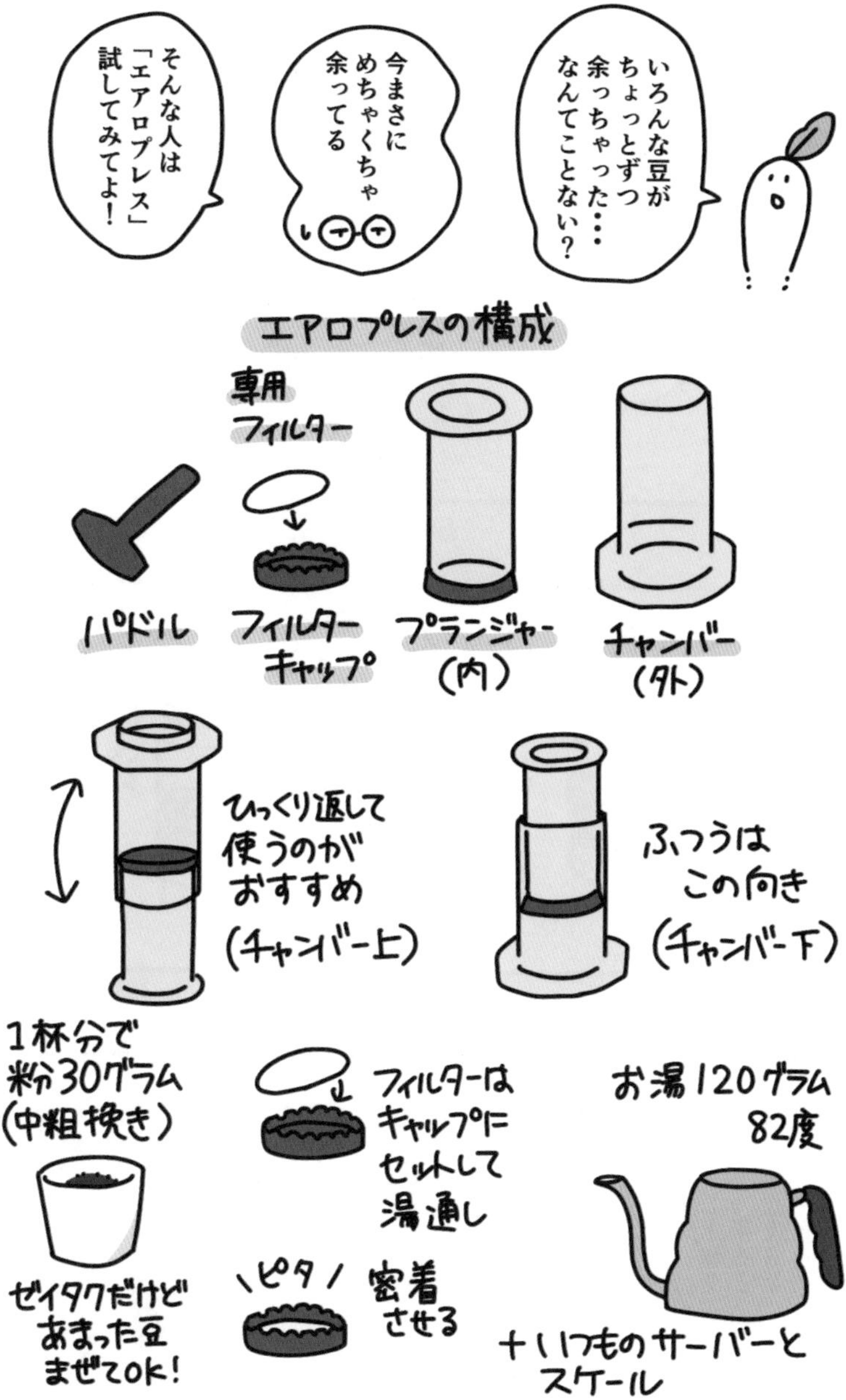
いろんな豆がちょっとずつ余っちゃった…なんてことない?
今まさにめちゃくちゃ余ってる
そんな人は「エアロプレス」試してみてよ!
エアロプレスの構成
専用フィルター
パドル
フィルターキャップ
プランジャー(内)
チャンバー(外)
ひっくり返して使うのがおすすめ(チャンバー上)
ふつうはこの向き(チャンバー下)
1杯分で粉30グラム(中粗挽き)
ゼイタクだけどあまった豆まぜてOK!
フィルターはキャップにセットして湯通し
\ピタ/ 密着させる
お湯120グラム 82度
+いつものサーバーとスケール

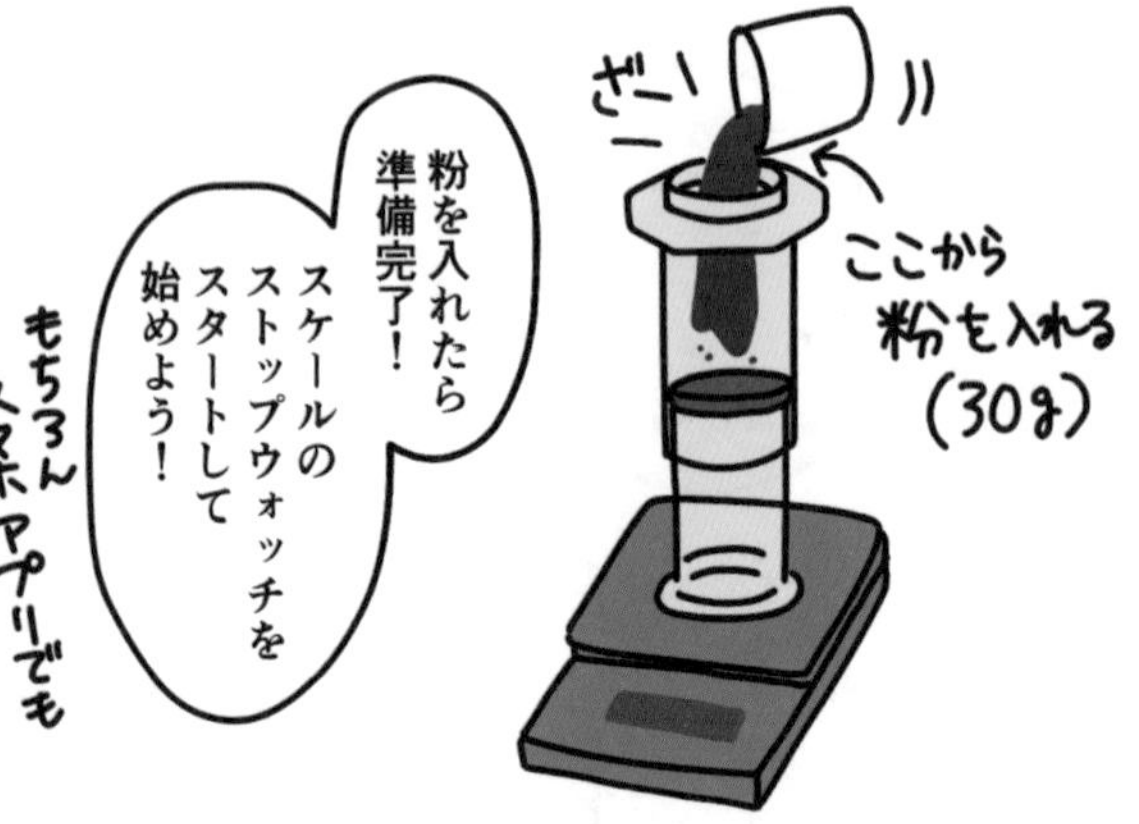
ざー
ここから
粉を入れる
（30g）
粉を入れたら準備完了！
スケールのストップウォッチをスタートして始めよう！
もちろんスマホアプリでも

お湯を注ぐ
0:00

お湯を120グラム注ぐ
本体をクルクル回転させながらお湯を筒の内側の壁に当てる感じで注いでね！
注ぎ終わったらパドルで10回かき混ぜるよ

キャップをはめてひっくり返す
0:30

キャップをはめて…
ピタ！
サーバーの上にキャップはめた所を当てるようにひっくり返す！
すこ〜し上側を上に引っ張ると漏れが止まるよ
引っ張りすぎると中身が飛び出して危ないので本当に「ほんの少し！」

蒸らし終わったらプランジャーを押す
1:10
1分10秒経ったら蒸らし完了!
上から20秒かけてプレスして…
シューっと音が鳴ったらプレス終了!
おわり
シュー
エアロプレスを外す
ここでも上側をほんの少し上に引っ張ると液漏れを防げるよ
あとは好みの濃さになるようにお湯で割ったら完成～!
お湯とコーヒー液1対1くらいがおすすめ!
!?
うまっ
めっちゃ透き通った感じ!パッと明るいのに余韻が長い…なにこれ!
これが「どんな豆でもおいしくなっちゃう淹れ方」だよ
ヤバい

どんなコーヒー豆でもおいしくする淹れ方
まとめ

<準備>

・粉は30グラム使う。中粗挽きにする。
・お湯の量は120グラム。
・お湯の温度は82度。
・チャンバー（外筒）とプランジャー（内筒）をはめる。通常の使い方と違って、チャンバーとプランジャーの天地を逆にして使う。
・フィルターは湯通ししておく。

1　スケールの上に本体を置き、粉をチャンバーに入れる。

2　お湯をチャンバーの壁に回し当てながら、120グラム注ぐ。注ぎ終えたら、容器を回しながら、付属のパドルで10回かき混ぜる。

…30秒経過したら

3　本体ごと天地をひっくり返して、サーバーの上にのせる。

…トータル1分10秒経過したら

4　目盛りを見ながら、20秒かけてプレスする。

…トータル1分30秒経過したら

5　プシュウッて音がなったら、プランジャーを少し上に引っ張る（液漏れを防ぐため）。

6　お湯を足して、好みの濃度にしたら完成。

淹れ方⑧

【超コールドブリュー】
遊んでおいしい氷出しコーヒー

最後のとっておきです。

この豆にはこの淹れ方しかないんだ……みたいなうるさいことは一切ナシ。

この淹れ方で大事なのは「楽しむこと」ですね。こんなやり方ありなの？　楽しそう！　やってみよう！　というノリでいっちゃってください。

豆も挽き方も淹れ方もなんでもいい。とにかく氷を置いていくだけ。

むしろどこまでやれるのか、いけるのか、ジェンガのように楽しむゲームみたいなものです。「やばい！　くずれそう！」なんて、はしゃぎながらやってみて。

味は、超低温の水で抽出するので、コーヒーの質感が段違い。片栗粉を飲んでいるのかな？　というくらいトロっとした液体になります。

氷出しコーヒー？
水出しじゃなくて
こおり？
ねむいんだけど…
そう
絶対試してもらいたいと
思ってたやつなんだ
時間がかかるから
寝る前に
仕込むといいよ
準備
粉はなんでもOK
だけど中粗挽きが
オススメ！
ハリオ03なら
大きい
粉
50グラム
氷
500グラム
水
100グラム
ハリオ02なら
ふつう
粉
30グラム
氷
300グラム
水
60グラム
＋いつものサーバーとペーパーフィルター
ドリッパーに
フィルターをセットして
粉を入れたら
サーバーに乗っけて
準備完了！
さあ
とっておきの淹れ方
始めるよ！
細挽きだとうまく抽出されないことがあるので、
氷を積む前に粉に少し水をかけて、スプーンなどでかき混ぜて馴染ませてね！

難しいこと一切なし！氷を乗せていくよ
え!? 直で!?
直で
ひたすら乗せる！
ジェンガじゃん！
水
乗せ終わったら水を回しかけて…
完成
キレイ…
最重要
しばしこの美しい光景を眺め…
あとはこのまま一晩放置！
翌朝
なにこれ!! すごいトロッとしてるんだけど!?
あとなんか甘い!!
うますぎる
こんな楽しいコーヒーもなかなかないでしょ

遊んでおいしい氷出しコーヒー

まとめ

＜準備＞

・ハリオの「03」という大きめのドリッパーを使う。なければ標準サイズのドリッパー（ハリオの「02」くらい）でもいい。
・粉は50グラム(標準サイズのドリッパーなら30グラム）使う。
・氷は500グラム（標準サイズのドリッパーなら300グラム）使う。できれば買ってきた氷で。なぜなら氷の形がランダムで楽しいから。
・水の量は100グラム(標準サイズのドリッパーなら60グラム)。
・中粗挽きがおすすめ。細挽きだとうまく抽出されないことがあるので、氷を積む前に粉に少し水をかけて、スプーンなどでかき混ぜて馴染ませましょう。

1　粉の上に氷を積んでいく。

2　なんとか500グラム（標準サイズのドリッパーなら300グラム）氷を積み上げる。

3　氷が溶けて、粉が浸ってきたら、水を100グラム（標準サイズのドリッパーなら60グラム）注ぐ。

4　氷が溶けきったら完成。一晩くらいかかります。

コーヒー一年生

エピローグ

Epilogue

喫茶
薫
RRR
お~
今日も
いい天気
お
もしもし
お母さん?
うんまあ
結構順調だよ
おじいちゃん
具合どう?
ははは
さすが
会社?
先週辞めてきた
そりゃあそうだよ
オープン準備するのに
さすがにね
しばらくは
バイト生活だね~
うん
また報告する

おじいさん ずいぶん 良くなったんだね
あちっ
うん この店継ぎたいってこと そろそろ伝えないとな…
きっと 認めてくれるさ カオルは本当に 成長したよ
ワシが 育てた
なんつって
もうボクが 教えることも ないくらい…
この店も もう安心だね
……
……あのさ コフィアさん
ん〜?
コフィアさん おじいちゃんのこと 知っているよね?
私のことも きっと前から 知ってたんでしょう?
コフィアさん だけじゃない みんなも…

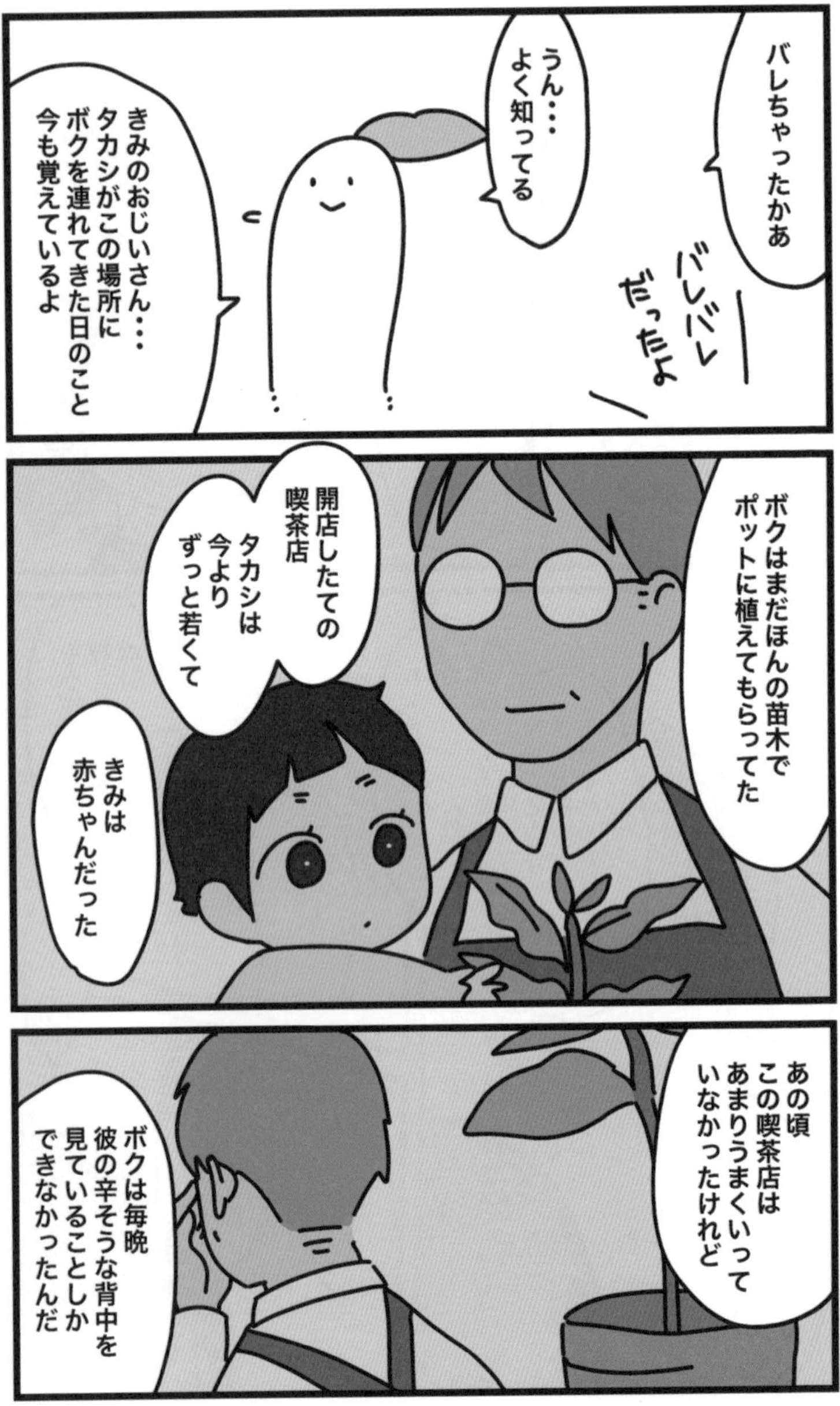
バレちゃったかぁ
バレバレだったよ
うん・・・よく知ってる
きみのおじいさん・・・タカシがこの場所にボクを連れてきた日のこと今も覚えているよ
ボクはまだほんの苗木でポットに植えてもらってた
開店したての喫茶店 タカシは今よりずっと若くて
きみは赤ちゃんだった
あの頃この喫茶店はあまりうまくいっていなかったけれど
ボクは毎晩彼の辛そうな背中を見ていることしかできなかったんだ

それでも 彼は学ぶことを やめなかった
あのノートには毎日 ボクたちのことが 書き足されていって
ノートに書かれた 仲間がたくさん 増えたころ
この喫茶店は少しずつ 軌道に乗り始めたんだよ
でも 嬉しかったな カオルがあの約束 覚えていてくれて
店長さんに なる!!
あ～ よくある孫と おじいちゃんの 約束だよ
ハズカシイ…
あの日決めたんだ カオルがもし この喫茶店を継ごうと 思ってくれる日がきたら
ねーねー
今はまだ チカラが足りなくって 見守ることしかできないけど
おじいちゃん あのね ちゅうしゅうこうりつ がね
その時はきっと みんなで チカラを貸そうって

なかなか切り出せなかったけど・・・ちょうどいいタイミングだったかも
コフィアさん？
タカシは元気になったし ボクたちがきみに伝えたいことはもう全部伝えられたしね
今日からきみがこのノートの続きを書いていってほしい
スウ…
そうしてまた不思議なチカラが高まる日が来たら きっとまた会える
目に見えなくてもボクたちはずっとそばにいるからね
パラララ…
きみならその意味がもうわかるでしょ？

パタン…
COFFEE
カオルー
はっ
ガチャ
えっ
おじいちゃん？
歩けるの!?
なんだ
病人扱いして
それより
開店準備は
どうだ？
お母さん
まさか・・・
はっはっは
そんなのもう
初日から
聞いとるぞ
店先
キレイに
なってるなー
おかーさん
ちょっとォ
庭のコーヒーの木も
元気そうで
よかった
私がお世話
してたのよ～

薫
たっ
ふ
まったくもう
来るときも
去るときも
急なんだから
そよ…

COFFEE
02

コーヒー一年生

おわりに

conclusion

おわりに

僕はコーヒーだったらなんでも好きなんです。

インスタントコーヒーも、ガムシロップ入りのカフェオレも、飛行機で提供されるコーヒーも、パックのコーヒー牛乳だって、みんな「最高だ」と思っています。

とにかく、コーヒーそのものが好き。

コーヒーはひと口飲んだ瞬間、今は一人でリラックスする時間なんだと教えてくれるから。

コーヒーはひと口飲んだ瞬間、その場所を、相手と話しやすい場に変えてくれるから。

そんなコーヒーに僕はずっと救われてきました。

だから僕もコーヒーで誰かを幸せにしたいのです。

というわけで、最後に「飲んだ瞬間から幸せになれる最高のレシピ」をお伝えして、この本を終わりにしたいと思います。

●いますぐ飲んでほしいカフェモカ

〈準備〉・インスタントコーヒー　2グラム（ティースプーン1杯くらい）
・市販のミルクココア　20グラム（大さじ1杯くらい）
・牛乳もしくはアーモンドミルク（冷たくても温かくてもいい）　適量

混ぜるだけです。

うまい！　もう後戻りできない禁断の味。

気分とタイミングによっては、どんな高級コーヒーよりもおいしく感じるかもしれない。

ああ、うまいなあ。そんなもんなんだよな。最高だ。

だから僕はコーヒーって大好きなんです。


この本は２０１６年に『図解　ワイン一年生』（小久保尊・著／山田コロ・イラスト）を読んで感銘を受け、「僕もこんな本を作りたい」と出版社に申し出たことがきっかけで、生まれた本です。

人気シリーズの継承を許してくださったソムリエの小久保尊さん、そして前作に引き続き、わかりやすく親しみやすいマンガとイラストを描いてくださったイラストレーターの山田コロさん、そして僕がやりたいと思ったことをいつも肯定してくれる奥さんに、この場を借りて心より感謝申し上げます。

粕谷哲

うんま

【参考資料】

『珈琲の表現』蕪木祐介：著（雷鳥社）
『コーヒー　おいしさの方程式』田口護／旦部幸博：著（ＮＨＫ出版）
『最新版　珈琲完全バイブル』丸山健太郎：監修（ナツメ社）
『コーヒーは楽しい！』セバスチャン・ラシヌー／チュング-レング トラン：著（パイ インターナショナル）
『コーヒーの絵本』庄野雄治：作／平澤まりこ：絵（mille books）
『理由がわかればもっとおいしい！ コーヒーを楽しむ教科書』井崎英典：監修（ナツメ社）
『新版　おいしい珈琲を自宅で淹れる本』富田佐奈栄：著（主婦の友社）
『淹れる・選ぶ・楽しむ　コーヒーのある暮らし』丸山珈琲バリスタ　鈴木樹：監修（池田書店）
『全人類に提唱したい世界一手軽な贅沢 おいしいコーヒーライフ入門』石井輝明：著（KADOKAWA）
『dancyu　ザ・コーヒー・ブック』（プレジデント社）
『【便利帖シリーズ105】LDKコーヒーの便利帖2022』（晋遊舎）
『ビジュアル　スペシャルティコーヒー大事典　2nd Edition』ジェームズ・ホフマン：著（日経ナショナル ジオグラフィック社）
『誰でも簡単！　世界一の4：6メソッドでハマる美味しいコーヒー』粕谷哲：著（技術評論社）
『図解　ワイン一年生』小久保尊：著／山田コロ：イラスト（サンクチュアリ出版）
川野優馬のコーヒーチャンネル●https://www.youtube.com/c/YumaKawano

本書を制作するにあたり、上記の書籍・動画チャンネルを参考にさせていただきました。

この場を借りて心より御礼を申し上げます。

クラブS

新刊が 12 冊届く、公式ファンクラブです。

sanctuarybooks.jp/clubs/

サンクチュアリ出版 YouTube チャンネル

奇抜な人たちに、
文字には残せない本音
を語ってもらっています。

“サンクチュアリ出版
チャンネル” で検索

選書サービス

あなたのお好みに
合いそうな「他社の本」
を無料で紹介しています。

sanctuarybooks.jp
/rbook/

サンクチュアリ出版 公式 note

どんな思いで本を作り、
届けているか、
正直に打ち明けています。

note.com/
sanctuarybooks

人生を変える授業オンライン

各方面の
「今が旬のすごい人」
のセミナーを自宅で
いつでも視聴できます。

sanctuarybooks.jp
/event_doga_shop/